Smaker av Spanien
En Resa genom Spansk Matlagning"

Lucia Rodriguez

SAMMANFATTNING

PEPPAR CHOKLAD PÄRON 26
    INGREDIENSER 26
    BEHANDLING 26
    RUNDA 26

TRE CHOKLADTÅRTA MED KAKA 27
    INGREDIENSER 27
    BEHANDLING 27
    RUNDA 27

SCHWEIZISK MARÄNG 29
    INGREDIENSER 29
    BEHANDLING 29
    RUNDA 29

CREPE MED HASSELNÖTSKREME OCH BANAN 30
    INGREDIENSER 30
    BEHANDLING 30
    RUNDA 31

CITRONTAKKA MED CHOKLADBAS 32
    INGREDIENSER 32
    BEHANDLING 32
    RUNDA 33

TIRAMISU 34
    INGREDIENSER 34
    BEHANDLING 34
    RUNDA 35

INTXAURSALSA (NÖTKRÄM) 36
    INGREDIENSER 36
    BEHANDLING 36
    RUNDA 36
MJÖLKMERENGU 37
    INGREDIENSER 37
    BEHANDLING 37
    RUNDA 37
KATTENS SPRÅK 38
    INGREDIENSER 38
    BEHANDLING 38
    RUNDA 38
ORANGE KEX 38
    INGREDIENSER 39
    BEHANDLING 39
    RUNDA 39
ROSTADE ÄPPLEN MED PORT 40
    INGREDIENSER 40
    BEHANDLING 40
    RUNDA 40
KOKT MARÄNG 41
    INGREDIENSER 41
    BEHANDLING 41
    RUNDA 41
GRÄDDE 42
    INGREDIENSER 42

BEHANDLING 42

RUNDA 42

PANNA COTTA-GODIS MED LILA 42

    INGREDIENSER 43

    BEHANDLING 43

    RUNDA 43

CITRUSCOOKIES 44

    INGREDIENSER 44

    BEHANDLING 44

    RUNDA 45

MANGAPASTA 46

    INGREDIENSER 46

    BEHANDLING 46

    RUNDA 46

YOGHURTKAKA 47

    INGREDIENSER 47

    BEHANDLING 47

    RUNDA 47

BANANKOMPOTTE MED ROSmarin 48

    INGREDIENSER 48

    BEHANDLING 48

    RUNDA 48

BRULEE KRÄMMER 49

    INGREDIENSER 49

    BEHANDLING 49

    RUNDA 49

ZIGANAREARMAR FYLLDA MED KRÄM 50
    INGREDIENSER 50
    BEHANDLING 50
    RUNDA 50

ÄGGFLAN 51
    INGREDIENSER 51
    BEHANDLING 51
    RUNDA 51

JORDGubbs CAVA JELLY 52
    INGREDIENSER 52
    BEHANDLING 52
    RUNDA 52

munkar 53
    INGREDIENSER 53
    BEHANDLING 53
    RUNDA 53

COCA AV SAINT JOHN 54
    INGREDIENSER 54
    BEHANDLING 54

BOLOGNA-SÅS 55
    INGREDIENSER 55
    BEHANDLING 55
    RUNDA 56

VIT BULJONG (KYCKLING ELLER KALVKÖTT) 57
    INGREDIENSER 57
    BEHANDLING 57

RUNDA 57
TOMATER 59
   INGREDIENSER 59
   BEHANDLING 59
   RUNDA 59
ROBERTO SÅS 60
   INGREDIENSER 60
   BEHANDLING 60
   RUNDA 60
ROSA SÅS 61
   INGREDIENSER 61
   BEHANDLING 61
   RUNDA 61
FISKVÄSKA 62
   INGREDIENSER 62
   BEHANDLING 62
   RUNDA 62
TYSK SÅS 63
   INGREDIENSER 63
   BEHANDLING 63
   RUNDA 63
MODIG SÅS 64
   INGREDIENSER 64
   BEHANDLING 64
   RUNDA 65
SVART BOUILLON (KYCKLING ELLER NÖT) 66

- INGREDIENSER 66
- BEHANDLING 66
- RUNDA 67
- PICON MOJO 68
  - INGREDIENSER 68
  - BEHANDLING 68
  - RUNDA 68
- PESTO SÅS 69
  - INGREDIENSER 69
  - BEHANDLING 69
  - RUNDA 69
- SÖTSUR SÅS 70
  - INGREDIENSER 70
  - BEHANDLING 70
  - RUNDA 70
- GRÖNA MOJITOS 71
  - INGREDIENSER 71
  - BEHANDLING 71
  - RUNDA 71
- BESAMMMELLASÅS 72
  - INGREDIENSER 72
  - BEHANDLING 72
  - RUNDA 72
- SÅSJÄGARE 73
  - INGREDIENSER 73
  - BEHANDLING 73

RUNDA 73
AIOLI-SÅS 74
    INGREDIENSER 74
    BEHANDLING 74
    RUNDA 74
AMERIKANSK SÅS 75
    INGREDIENSER 75
    BEHANDLING 75
    RUNDA 76
SUNRISE SÅS 77
    INGREDIENSER 77
    BEHANDLING 77
    RUNDA 77
GRILLSÅS 78
    INGREDIENSER 78
    BEHANDLING 78
    RUNDA 79
BERNESISK SÅS 80
    INGREDIENSER 80
    BEHANDLING 80
    RUNDA 80
CARBONARA-SÅS 81
    INGREDIENSER 81
    BEHANDLING 81
    RUNDA 81
CHARCUTERASÅS 82

INGREDIENSER 82

BEHANDLING 82

RUNDA 82

CUMBERLANDSÅS 83

INGREDIENSER 83

BEHANDLING 83

RUNDA 84

CURRYSÅS 85

INGREDIENSER 85

BEHANDLING 85

RUNDA 86

VITLÖKSSÅS 87

INGREDIENSER 87

BEHANDLING 87

RUNDA 87

BARA SÅS 88

INGREDIENSER 88

BEHANDLING 88

RUNDA 88

CIDERSÅS 89

INGREDIENSER 89

BEHANDLING 89

RUNDA 89

TOMATSÅS 90

INGREDIENSER 90

BEHANDLING 90

- RUNDA 91
- PEDRO XIMENEZ VINSÅS 92
  - INGREDIENSER 92
  - BEHANDLING 92
  - RUNDA 92
- KRÄMSÅS 93
  - INGREDIENSER 93
  - BEHANDLING 93
  - RUNDA 93
- MAJONNAJ MAJONNAJ 94
  - INGREDIENSER 94
  - BEHANDLING 94
  - RUNDA 94
- YOGHURT OCH DILLSÅS 95
  - INGREDIENSER 95
  - BEHANDLING 95
  - RUNDA 95
- DÄVELENS SÅS 96
  - INGREDIENSER 96
  - BEHANDLING 96
  - RUNDA 96
- SPANSK SÅS 97
  - INGREDIENSER 97
  - BEHANDLING 97
  - RUNDA 97
- HOLLANDS SÅS 98

INGREDIENSER 98

BEHANDLING 98

RUNDA 98

ITALIENSK DRESSING 99

INGREDIENSER 99

BEHANDLING 99

RUNDA 100

MOUSSELINSÅS 101

INGREDIENSER 101

BEHANDLING 101

RUNDA 101

REMOULADSÅS 102

INGREDIENSER 102

BEHANDLING 102

RUNDA 102

BIZCAINA-SÅS 103

INGREDIENSER 103

BEHANDLING 103

RUNDA 103

RÖD SÅS 105

INGREDIENSER 105

BEHANDLING 105

RUNDA 105

MORGONSÅS 106

INGREDIENSER 106

BEHANDLING 106

- RUNDA 106
- ROMASCO-SÅS 107
  - INGREDIENSER 107
  - BEHANDLING 107
  - RUNDA 108
- SOUBISE-SÅS 109
  - INGREDIENSER 109
  - BEHANDLING 109
  - RUNDA 109
- TARTAR SÅS 110
  - INGREDIENSER 110
  - BEHANDLING 110
  - RUNDA 110
- KARAMELLSÅS 111
  - INGREDIENSER 111
  - BEHANDLING 111
  - RUNDA 111
- POTTAGE 112
  - INGREDIENSER 112
  - BEHANDLING 112
  - RUNDA 112
- SAMMETSSÅS 113
  - INGREDIENSER 113
  - BEHANDLING 113
  - RUNDA 113
- SÅSDRESSING 114

- INGREDIENSER 114
- BEHANDLING 114
- RUNDA 114
- RÖDA FRUKTER I SÖTT VIN MED MINTA 115
  - INGREDIENSER 115
  - BEHANDLING 115
  - RUNDA 115
  - RUNDA 116
- KYCKLINGPINAR MED WHISKY 117
  - INGREDIENSER 117
  - BEHANDLING 117
  - RUNDA 117
- GRILLAD ANKA 117
  - INGREDIENSER 118
  - BEHANDLING 118
  - RUNDA 118
- VILLAROY KYCKLINGBRÖST 119
  - INGREDIENSER 119
  - BEHANDLING 119
  - RUNDA 120
- Kycklingbröst med citronsenapsås 121
  - INGREDIENSER 121
  - BEHANDLING 121
  - RUNDA 122
- ROSTAD PINTADA MED KAVISIONER OCH SVAMP 123
  - INGREDIENSER 123

BEHANDLING 123

RUNDA 124

VILLAROY KYCKLINGBRÖST FYLLD MED KARAMELISERADE PIQUILLOS MED MODENA VÄTTIKA 125

    INGREDIENSER 125

    BEHANDLING 125

    RUNDA 126

KYCKLINGBRÖST SPADDAD MED Pancetta, SVAMP OCH OST .. 127

    INGREDIENSER 127

    BEHANDLING 127

    RUNDA 128

SÖT VINKYCKLING MED KAVISOR 129

    INGREDIENSER 129

    BEHANDLING 129

    RUNDA 130

ORANGE KYCKLINGBRÖST MED CASHEW 131

    INGREDIENSER 131

    BEHANDLING 131

    RUNDA 131

MARINERAD RAPFRÅN 132

    INGREDIENSER 132

    BEHANDLING 132

    RUNDA 132

KYCKLINGJÄGARE 133

    INGREDIENSER 133

    BEHANDLING 133

RUNDA 134

Kycklingvingar i COCA COLA-STIL 135

    INGREDIENSER 135

    BEHANDLING 135

    RUNDA 135

VITLÖKSKYCKLING 136

    INGREDIENSER 136

    BEHANDLING 136

    RUNDA 137

KYCKLING CHILINDRON 138

    INGREDIENSER 138

    BEHANDLING 138

    RUNDA 139

MARINERAD MED VAKTEL OCH RÖDA FRUKTER 140

    INGREDIENSER 140

    BEHANDLING 140

    RUNDA 141

KYCKLING MED CITRON 142

    INGREDIENSER 142

    BEHANDLING 142

    RUNDA 143

SAN JACOBO KYCKLING MED SERRANO SKINKA, CASAR Tårta OCH RAKET 144

    INGREDIENSER 144

    BEHANDLING 144

    RUNDA 144

BAKAD KYCKLINGCURRY 145
    INGREDIENSER 145
    BEHANDLING 145
    RUNDA 145
KYCKLING I RÖTT VIN 146
    INGREDIENSER 146
    BEHANDLING 146
    RUNDA 147
SVART ÖL ROSTAD KYCKLING 148
    INGREDIENSER 148
    BEHANDLING 148
    RUNDA 149
CHOKLADSÄP 150
    INGREDIENSER 150
    BEHANDLING 150
    RUNDA 151
ROSTAD KVARTSHÄL MED RÖD FRUKTSÅS 152
    INGREDIENSER 152
    BEHANDLING 152
    RUNDA 153
ROSTAD KYCKLING MED PERSIKKSÅS 154
    INGREDIENSER 154
    BEHANDLING 154
    RUNDA 155
KYCKLINGFILE SPPAD MED SPENAT OCH MOZZARELLA 156
    INGREDIENSER 156

BEHANDLING 156

RUNDA 156

Stekt KYCKLING MED CAVA 157

    INGREDIENSER 157

    BEHANDLING 157

    RUNDA 157

KYCKLINGSPYTT MED JORDNÖTSSÅS 158

    INGREDIENSER 158

    BEHANDLING 158

    RUNDA 159

PEPITORIA KYCKLING 160

    INGREDIENSER 160

    BEHANDLING 160

    RUNDA 161

KYCKLING MED Apelsin 162

    INGREDIENSER 162

    BEHANDLING 162

    RUNDA 163

Kycklinggryta med PORCINI 164

    INGREDIENSER 164

    BEHANDLING 164

    RUNDA 165

STRÅD KYCKLING MED NÖTTER OCH SOJA 166

    INGREDIENSER 166

    BEHANDLING 166

    RUNDA 167

CHOKLADKYCKLING MED ROSTADE MANDLAR 168
- INGREDIENSER 168
- BEHANDLING 168
- RUNDA 169

LAMMERSPYTT MED PAPRIKA OCH SENAPSVINAIGRETT 170
- INGREDIENSER 170
- BEHANDLING 170
- RUNDA 171

KALVBRÖST FYLLT MED PORT 172
- INGREDIENSER 172
- BEHANDLING 172
- RUNDA 173

MADRILEÑA KÖTTBULLAR 174
- INGREDIENSER 174
- BEHANDLING 175
- RUNDA 175

KALVKINER MED CHOKLAD 176
- INGREDIENSER 176
- BEHANDLING 176
- RUNDA 177

CONFIT BED FLÄSKTAKA MED SÖT VINSÅS 178
- INGREDIENSER 178
- BEHANDLING 178
- RUNDA 179

MÄRKAD KANIN 180
- INGREDIENSER 180

BEHANDLING 180

RUNDA 181

PEPITORIA KÖTTBULLAR I HASSELNÖTSSÅS 182

    INGREDIENSER 182

    BEHANDLING 183

    RUNDA 183

KALVKOTTLETTER MED SVART ÖL 184

    INGREDIENSER 184

    BEHANDLING 184

    RUNDA 185

MADRLETISKA TRIPES 186

    INGREDIENSER 186

    BEHANDLING 186

    RUNDA 187

ROSTAD FISKLICK MED ÄPPLEN OCH MYNTA 188

    INGREDIENSER 188

    BEHANDLING 188

    RUNDA 189

KYCKLINGKÖTTBULLAR MED HALLONSÅS 190

    INGREDIENSER 190

    BEHANDLING 191

    RUNDA 191

LAMM GRYTA 192

    INGREDIENSER 192

    BEHANDLING 192

    RUNDA 193

hare civet 194
    INGREDIENSER 194
    BEHANDLING 194
    RUNDA 195
KANIN MED PIPERRADA 196
    INGREDIENSER 196
    BEHANDLING 196
    RUNDA 196
OSTSPÄLLDA KYCKLINGKÖTTBULLAR MED CURRRYSÅS 197
    INGREDIENSER 197
    BEHANDLING 198
    RUNDA 198
KUDDAR MED RÖTT VIN 199
    INGREDIENSER 199
    BEHANDLING 199
    RUNDA 200
COCHIFRITO NAVARRA 201
    INGREDIENSER 201
    BEHANDLING 201
    RUNDA 201
BÖTTGRYTA MED JORDNÖTSSÅS 202
    INGREDIENSER 202
    BEHANDLING 202
    RUNDA 203
BRÄNT FLÄSK 204
    INGREDIENSER 204

BEHANDLING 204

RUNDA 204

ROSTAD KOLFOG 205

    INGREDIENSER 205

    BEHANDLING 205

    RUNDA 205

JÄGARKANIN 206

    INGREDIENSER 206

    BEHANDLING 206

    RUNDA 207

MADRILEÑA KALVSKALA 208

    INGREDIENSER 208

    BEHANDLING 208

    RUNDA 208

SVAMPKANINSÅS 209

    INGREDIENSER 209

    BEHANDLING 209

    RUNDA 210

IBERISK FLÄSKRIB I VITT VIN OCH HONING 211

    INGREDIENSER 211

    BEHANDLING 211

    RUNDA 211

PEPPAR CHOKLAD PÄRON

INGREDIENSER

150 g choklad

85 g socker

½ liter mjölk

4 päron

1 kanelstång

10 pepparkorn

BEHANDLING

Skala päronen utan att ta bort stjälken. Koka dem i mjölk med socker, kanelstång och pepparkorn i 20 minuter.

Ta bort päronen, filtrera mjölken och tillsätt chokladen. Reducera under konstant omrörning tills det tjocknat. Servera päronen med chokladsåsen.

RUNDA

När päronen är kokta öppnar du dem på längden, tar bort kärnan och garnerar med mascarpone och socker. Stäng och säsong. Härlig.

TRE CHOKLADTÅRTA MED KAKA

INGREDIENSER

150 g vit choklad

150 g mörk choklad

150 g mjölkchoklad

450 ml grädde

450 ml mjölk

4 matskedar smör

1 förpackning Mariakex

3 påsar ostmassa

BEHANDLING

Smula sönder kexen och smält smöret. Blanda kexen med smöret och gör tårtbotten i en löstagbar form. Låt vila i frysen i 20 min.

Värm under tiden 150 g mjölk, 150 g grädde och 150 g av en av chokladen i en skål. Så fort det börjar koka, späd 1 påse ostmassa i ett glas med lite mjölk och tillsätt till blandningen i behållaren. Ta bort så fort den kokat igen.

Lägg den första chokladen på kakdegen och ställ åt sidan i frysen i 20 min.

Gör samma sak med en annan choklad och lägg den på det första lagret. Och upprepa operationen med den tredje chokladen. Låt vila i frysen eller kylen tills den ska serveras.

RUNDA

Annan choklad kan användas, som mynta eller apelsin.

SCHWEIZISK MARÄNG

INGREDIENSER

250 g socker

4 äggvitor

En nypa salt

Några droppar citronsaft

BEHANDLING

Vispa äggvitorna med stavarna tills de har en fast konsistens. Tillsätt citronsaft, en nypa salt och sockret, lite i taget och utan att sluta vispa.

När du är klar med att tillsätta sockret, vispa i ytterligare 3 minuter.

RUNDA

När den vispade äggvitan är stel talar vi om point de pointe eller point de neige.

CREPE MED HASSELNÖTSKREME OCH BANAN

INGREDIENSER

100 g mjöl

25 g smör

25 g socker

1½ dl mjölk

8 matskedar hasselnötsgrädde

2 matskedar rom

1 msk florsocker

2 bananer

1 ägg

½ påse jäst

BEHANDLING

Vispa ihop ägg, jäst, rom, mjöl, socker och mjölk. Låt vila i kylen i 30 minuter.

Hetta upp smöret på låg värme i en non-stick panna och bred ut ett tunt lager deg över hela ytan. Vänd tills den fått lite färg.

Skala och skiva bananerna. Bred ut 2 matskedar hasselnötsgrädde och ½ banan på varje pannkaka. Stäng i form av en näsduk och strö över florsocker.

RUNDA

Pannkakor kan göras i förväg. När de är förbrukade är det bara att värma dem i en panna med lite smör på båda sidor.

CITRONTAKKA MED CHOKLADBAS

INGREDIENSER

400 ml mjölk

300 g socker

250 g mjöl

125 g smör

50 g kakao

50 g majsstärkelse

5 äggulor

saft av 2 citroner

BEHANDLING

Blanda mjöl, smör, 100 g socker och kakao för att få en sandig blandning. Tillsätt sedan vatten tills du får en deg som inte fastnar på händerna. Klä en form, häll den här grädden och grädda i 170°C i 20 minuter.

Alternativt värm mjölken. Vispa under tiden äggulorna och resten av sockret lite vitt. Tillsätt sedan majsstärkelsen och blanda med mjölken. Värm utan att sluta röra tills det tjocknar. Tillsätt citronsaften och fortsätt blanda.

Montera ihop tårtan genom att fylla botten med grädden. Låt vila i kylen i 3 timmar innan servering.

RUNDA

Tillsätt några myntablad till citronkrämen för att ge kakan en perfekt touch av fräschör.

TIRAMISU

INGREDIENSER

500 g mascarpone

120 g socker

1 förpackning kex

6 ägg

Amaretto (eller rostad rom)

1 högt glas med kaffekanna (sötad efter smak)

kakao pulver

salt

BEHANDLING

Separera äggvitorna och gulorna. Vispa äggulorna och tillsätt hälften av sockret och mascarponen. Slå med omslutande rörelser och ställ åt sidan. Vispa äggvitorna styva (eller stela) med en nypa salt. När de nästan är vispade, tillsätt den andra hälften av sockret och vispa färdigt. Blanda äggulorna och vitorna med mjukhet och omslutande rörelser.

Doppa kexen i kaffet och likören på båda sidor (utan att de blir för blöta) och lägg dem på botten av en behållare.

Bred ut ett lager ägg- och ostkräm på kexen. Blöt soletillakexen igen och sätt ihop dem på degen. Avsluta med ostpastan och strö över kakaopulver.

RUNDA

Ät på natten eller bättre två dagar efter beredning.

INTXAURSALSA (NÖTKRÄM)

INGREDIENSER

125 g skalade valnötter

100 g socker

1 liter mjölk

1 liten kanelstång

BEHANDLING

Koka upp mjölken med kanel och tillsätt socker och hackade valnötter.

Koka på låg värme i 2 timmar och låt svalna innan servering.

RUNDA

Den ska ha en konsistens som liknar rispudding.

MJÖLKMERENGU

INGREDIENSER

175 g socker

1 liter mjölk

Skal av 1 citron

1 kanelstång

3 eller 4 äggvitor

Kanelpulver

BEHANDLING

Värm mjölken med kanelstången och citronskalet på låg värme tills det börjar koka. Tillsätt genast sockret och koka i ytterligare 5 minuter. Ställ åt sidan och låt svalna i kylen.

När den är kall, vispa äggvitan till den blir hård och tillsätt mjölken med omslutande rörelser. Servera med mald kanel.

RUNDA

För en oslagbar granita, ställ åt sidan i frysen och skrapa den varje timme med en gaffel tills den är helt frusen.

KATTENS SPRÅK

INGREDIENSER

350 g löst mjöl

250 g salva smör

250 g florsocker

5 äggvitor

1 ägg

Vaniljsmak

salt

BEHANDLING

I en skål lägg smöret, florsockret, en nypa salt och lite vaniljessens. Vispa väl och tillsätt ägget. Fortsätt vispa och tillsätt äggvitorna en efter en medan du fortsätter att vispa. Tillsätt mjölet på en gång utan att blanda för mycket.

Förvara krämen i ett munstycke med slät spets och gör remsor på ca 10 cm. Knacka plåten mot bordet så att degen breder ut sig och koka i 200°C tills kanterna fått bra färg.

RUNDA

Tillsätt 1 matsked kokospulver i smeten för att göra olika katttungor.

ORANGE KEX

INGREDIENSER

220 g mjöl

200 g socker

4 ägg

1 liten apelsin

1 på jäst

Kanelpulver

220 g solrosolja

BEHANDLING

Blanda äggen med socker, kanel och apelsinskal och juice.

Tillsätt oljan och blanda. Tillsätt det siktade mjölet och bakpulvret. Låt denna blandning vila i 15 minuter och häll den i muffinsformar.

Värm ugnen till 200°C och grädda i 15 minuter tills den är genomstekt.

RUNDA

Du kan lägga till chokladbitar i smeten.

ROSTADE ÄPPLEN MED PORT

INGREDIENSER

80 g smör (i 4 bitar)

8 matskedar portvin

4 matskedar socker

4 pipäpplen

BEHANDLING

Skala äpplena. Fyll med socker och lägg smör ovanpå.

Koka i 30 minuter i 175°C. Efter denna tid, strö varje äpple med 2 matskedar portvin och koka i ytterligare 15 minuter.

RUNDA

Servera varm med en kula vaniljglass och ringla över saften de har släppt.

KOKT MARÄNG

INGREDIENSER

400 g strösocker

100 g florsocker

¼ liter äggvita

droppar citronsaft

BEHANDLING

Vispa äggvitorna i en bun-marie med citronsaft och socker tills de är väl blandade. Ta av från värmen och fortsätt vispa (när temperaturen sjunker kommer marängen att tjockna).

Tillsätt florsockret och fortsätt vispa tills marängen är helt kall.

RUNDA

Den kan användas för att täcka tårtor och göra dekorationer. Överstig inte 60 ºC så att äggvitan inte stelnar.

GRÄDDE

INGREDIENSER

170 g socker

1 liter mjölk

1 matsked majsstärkelse

8 äggulor

Skal av 1 citron

Kanel

BEHANDLING

Koka upp mjölken med citronskalet och hälften av sockret. Täck så fort det kokar och låt det vila från värmen.

Vispa äggulorna med resterande socker och majsstärkelse i en skål vid sidan av. Tillsätt en fjärdedel av den kokta mjölken och fortsätt röra.

Tillsätt ägguleblandningen till resten av mjölken och koka under konstant omrörning.

Vid den första kokningen, vispa med en visp i 15 sekunder. Ta av från värmen och fortsätt vispa i ytterligare 30 sekunder. Filtrera och låt svalna. Strö över kanel.

RUNDA

För att göra smaksatt vaniljsås, choklad, krossade kakor, kaffe, riven kokos, etc., rör helt enkelt i önskad smak av värmen och medan den är varm.

PANNA COTTA-GODIS MED LILA

INGREDIENSER

150 g) Socker

100 g lila godis

½ liter grädde

½ liter mjölk

9 ark gelatin

BEHANDLING

Fukta gelatinbladen med kallt vatten.

Värm grädde, mjölk, socker och karameller i en kastrull tills de smälter.

När det är av värmen, tillsätt gelatinet och blanda tills det är helt upplöst.

Häll upp i formar och ställ i kylen i minst 5 timmar.

RUNDA

Du kan variera detta recept genom att inkludera kaffegodis, karamell, etc.

CITRUSCOOKIES

INGREDIENSER

220 g mjukt smör

170 g mjöl

55 g florsocker

35 g majsstärkelse

5 g apelsinskal

5 g citronskal

2 matskedar apelsinjuice

1 matsked citronsaft

1 äggvita

Vaniljsmak

BEHANDLING

Blanda mycket långsamt smör, äggvita, apelsinjuice, citronsaft, citrusskal och en nypa vaniljessens. Blanda och tillsätt det siktade mjölet och majsstärkelsen.

Lägg degen i ett munstycke med ringmunstycke och rita 7 cm cirklar på bakplåtspappret. Grädda i 15 minuter i 175°C.

Strö kexen med strösocker.

RUNDA

Tillsätt den malda kryddnejlikan och ingefäran i smeten. Resultatet är utmärkt.

MANGAPASTA

INGREDIENSER

550 g löst mjöl

400 g mjukt smör

200 g florsocker

125 g mjölk

2 ägg

Vaniljsmak

salt

BEHANDLING

Blanda mjöl, socker, en nypa salt och ytterligare en av vaniljessens. Tillsätt de inte för kalla äggen ett i taget. Blöt i den lite varma mjölken och tillsätt det siktade mjölet.

Lägg degen i ett munstycke med ringmunstycke och häll lite på bakplåtspapper. Grädda i 180°C i 10 minuter.

RUNDA

Du kan lägga till lite granulerad mandel på utsidan, doppa dem i choklad eller fästa körsbär på dem.

YOGHURTKAKA

INGREDIENSER

375 g mjöl

250 g vanlig yoghurt

250 g socker

1 påse bakpulver

5 ägg

1 liten apelsin

1 citron

125 g solrosolja

BEHANDLING

Vispa ägg och socker med en mixer i 5 min. Blanda med yoghurt, olja, citrusskal och juice.

Sikta mjöl och bakpulver och tillsätt dem i yoghurten.

Smörj och mjöla en form. Häll degen och grädda i 165 ºC i ca 35 min.

RUNDA

Använd smaksatt yoghurt för att göra olika kakor.

BANANKOMPOTTE MED ROSmarin

INGREDIENSER

30 g smör

1 kvist rosmarin

2 bananer

BEHANDLING

Skala och skiva bananerna.

Lägg dem i en kastrull, täck över och koka på mycket låg värme med smör och rosmarin tills bananen liknar en kompott.

RUNDA

Den här kompotten passar bra till både fläskkotletter och chokladkaka. Du kan lägga till 1 matsked socker under tillagningen för att göra den sötare.

BRULEE KRÄMMER

INGREDIENSER

100 g farinsocker

100 g vitt socker

400cl grädde

300cl mjölk

6 äggulor

1 vaniljstång

BEHANDLING

Öppna vaniljstången och extrahera fröna.

Vispa mjölken med vitsockret, äggulorna, grädden och vaniljstången i en skål. Fyll enskilda formar med denna blandning.

Värm ugnen till 100°C och tillaga i bain-marie i 90 min. När den är kall, strö över farinsocker och bränn med en fackla (eller förvärm ugnen till maximalt i grillläge och koka tills sockret bränns något).

RUNDA

Tillsätt 1 matsked snabbkakao till grädde eller mjölk för en läcker kakao crème brûlée.

ZIGANAREARMAR FYLLDA MED KRÄM

INGREDIENSER

250 g choklad

125 g socker

½ liter grädde

Soletillakex (se avsnittet Desserter)

BEHANDLING

Gör en sockerkaka med soletilla. Fyll med vispad grädde och rulla ihop på sig själv.

Koka upp sockret i en kastrull med 125 g vatten. Tillsätt chokladen, låt den smälta i 3 minuter utan att sluta röra och täck rullen med den. Låt vila innan servering.

RUNDA

För att njuta av en ännu mer komplett och läcker dessert, tillsätt små fruktbitar till grädden i sirap.

ÄGGFLAN

INGREDIENSER

200 g socker

1 liter mjölk

8 ägg

BEHANDLING

Gör en karamell med sockret på låg värme och utan att röra om. När den fått en rostad färg, ta bort från värmen. Fördela i enskilda flansar eller i valfri form.

Vispa mjölken och äggen, undvik att det bildas skum. Om det dyker upp innan du placerar det i formarna, ta bort det helt.

Häll över kolan och låt koka au bain-marie i 165°C i ca 45 minuter eller tills en nål kommer ut ren.

RUNDA

Samma recept används för att göra en läcker pudding. Lägg bara till croissanter, muffins, kex... från dagen innan till blandningen.

JORDGubbs CAVA JELLY

INGREDIENSER

500 g socker

150 g jordgubbar

1 flaska mousserande vin

½ påse gelatinblad

BEHANDLING

Hetta upp cava och socker i en kastrull. Ta bort gelatinet som tidigare hydrerats i kallt vatten från värmen.

Servera i Martiniglas med jordgubbarna och ställ åt sidan i kylen tills de stelnat.

RUNDA

Det kan också göras med vilket sött vin som helst och med röda frukter.

munkar

INGREDIENSER

150 g mjöl

30 g smör

250 ml mjölk

4 ägg

1 citron

BEHANDLING

Koka upp mjölken och smöret tillsammans med citronskalet. När det kokar tar du bort skinnet och tillsätter mjölet på en gång. Stäng av värmen och rör om i 30 sekunder.

Sätt tillbaka på värmen och rör om i ytterligare en minut tills degen fastnar på sidorna av behållaren.

Häll degen i en bunke och tillsätt äggen ett i taget (tillsätt inte nästa förrän det föregående är väl blandat i smeten).

Bryn munkarna i små portioner med en konditoripåse eller 2 skedar

RUNDA

Den kan fyllas med grädde, grädde, choklad osv.

COCA AV SAINT JOHN

INGREDIENSER

350 g mjöl

100 g smör

40 g pinjenötter

250 ml mjölk

1 påse bakpulver

Skal av 1 citron

3 ägg

socker

salt

BEHANDLING

Sikta mjölet och bakpulvret. Blanda och gör en vulkan. Lägg skalen, 110 g socker, smöret, mjölken, äggen och en nypa salt i mitten. Knåda väl tills degen inte fastnar på händerna.

Kavla ut med en rulle tills du får en tunn rektangulär form. Lägg dem på en plåt klädd med bakplåtspapper och låt brygga i 30 minuter.

Pensla cola med ägg, strö på pinjenötter och 1 msk socker. Grädda i 200 ºC i ca 25 min.

BOLOGNA-SÅS

INGREDIENSER

600 g hackade tomater

500 g köttfärs

1 glas rött vin

3 morötter

2 st selleri (valfritt)

2 vitlöksklyftor

1 lök

Origan

socker

Olivolja

Salt och peppar

BEHANDLING

Finhacka lök, vitlök, stjälkselleri och morötter. Bryn och när grönsakerna är möra tillsätt köttet.

Krydda och häll över vinet när den rosa färgen på köttet försvinner. Låt reducera i 3 minuter på hög värme.

Tillsätt den krossade tomaten och koka på svag värme i 1 timme. Tillsätt till sist salt och socker och tillsätt oregano efter smak.

RUNDA

Bolognese förknippas alltid med pasta, men med rispilaff är det väldigt gott.

VIT BULJONG (KYCKLING ELLER KALVKÖTT)

INGREDIENSER

1 kg nötkött eller kycklingben

1 dl vitt vin

1 stjälk selleri

1 kvist timjan

2 kryddnejlika

1 lagerblad

1 ren purjolök

1 ren morot

½ lök

15 korn svartpeppar

BEHANDLING

Lägg alla ingredienser i en kastrull. Täck med vatten och koka på medelvärme. När det börjar koka, häll av det. Koka i 4 timmar.

Filtrera och överför till en annan behållare. Förvara snabbt i kylen.

RUNDA

Salta inte före användning, eftersom det är mer sannolikt att det förstörs. Den används som lagerbas för att göra såser, soppor, risrätter, grytor etc.

TOMATER

INGREDIENSER

1 kg tomater

120 g lök

2 vitlöksklyftor

1 kvist rosmarin

1 kvist timjan

socker

1 dl olivolja

salt

BEHANDLING

Skär lök och vitlök i små bitar. Bryn försiktigt i 10 minuter i en kastrull.

Skär körsbärstomaterna och lägg dem i pannan med de aromatiska örterna. Koka tills tomaterna tappar allt vatten.

Salta och justera sockret om det behövs.

RUNDA

Den kan förberedas i förväg och förvaras i kylen i en lufttät behållare.

ROBERTO SÅS

INGREDIENSER

200 g vårlök

100 g smör

½ liter köttbuljong

¼ liter vitt vin

1 matsked mjöl

1 matsked senap

Salt och peppar

BEHANDLING

Fräs den hackade löken i smör. Tillsätt mjölet och koka försiktigt i 5 min.

Höj värmen, tillsätt vinet och reducera till hälften under konstant omrörning.

Tillsätt buljongen och koka ytterligare 5 minuter. När den är av värmen, tillsätt senap och smaka av med salt och peppar.

RUNDA

Perfekt att åtfölja fläsk.

ROSA SÅS

INGREDIENSER

250 g majonnässås (se avsnittet Buljonger och såser)

2 matskedar ketchup

2 skedar konjak

½ apelsinjuice

Tabasco

Salt och peppar

BEHANDLING

Blanda majonnäs, ketchup, konjak, juice, en nypa tabasco, salt och peppar. Vispa väl tills du får en slät sås.

RUNDA

För att göra såsen mer homogen, tillsätt ½ matsked senap och 2 matskedar flytande grädde.

FISKVÄSKA

INGREDIENSER

500 g vita fiskben eller huvuden

1 dl vitt vin

1 kvist persilja

1 purjolök

½ liten lök

5 pepparkorn

BEHANDLING

Lägg alla ingredienser i en kastrull och täck med 1 liter kallt vatten. Koka på medelvärme i 20 minuter utan att sluta skumma.

Filtrera, byt behållare och förvara snabbt i kylen.

RUNDA

Salta inte före användning, eftersom det är mer sannolikt att det förstörs. Det är grunden för såser, risrätter, soppor, etc.

TYSK SÅS

INGREDIENSER

35 g smör

35 g mjöl

2 äggulor

½ liter buljong (fisk, kött, fågel, etc.)

salt

BEHANDLING

Bryn mjölet i smöret på låg värme i 5 minuter. Tillsätt buljongen på en gång och koka på medelvärme i ytterligare 15 minuter under konstant omrörning. Krydda med salt.

Ta av från värmen och tillsätt äggulorna utan att sluta vispa.

RUNDA

Värm inte för mycket för att inte få gulorna att koagulera.

MODIG SÅS

INGREDIENSER

750 g stekta körsbärstomater

1 litet glas vitt vin

3 matskedar vinäger

10 råa mandlar

10 paprika

5 skivor bröd

3 vitlöksklyftor

1 lök

socker

Olivolja

salt

BEHANDLING

Bryn hela vitlöken i en panna. Ta bort och reservera. Bryn mandeln i samma olja. Ta bort och reservera. Stek brödet i samma panna. Ta bort och reservera.

Fräs löken skuren i julienne-remsor med paprikan i samma olja. När den har kokat, blöt den med vinägern och glaset vin. Låt reducera i 3 minuter på hög värme.

Tillsätt tomat, vitlök, mandel och bröd. Koka i 5 minuter, rör om och tillsätt vid behov salt och socker.

RUNDA

Kan frysas i individuella istärningsbrickor och användas endast vid behov.

SVART BOUILLON (KYCKLING ELLER NÖT)

INGREDIENSER

5 kg nötkött eller kycklingben

500 g tomater

250 g morötter

250 g purjolök

125 g lök

½ liter rött vin

5 liter kallt vatten

1 kvist fromma

3 lagerblad

2 timjankvistar

2 kvistar rosmarin

15 pepparkorn

BEHANDLING

Koka benen i 185°C tills de är lätt rostade. Lägg till de rengjorda och skära grönsakerna i medelstora bitar i samma panna. Bryn grönsakerna.

Lägg benen och grönsakerna i en stor gryta. Tillsätt vin och örter och tillsätt sedan vattnet. Koka i 6 timmar på låg värme, skumma då och då. Filtrera och låt svalna.

RUNDA

Det är grunden för många såser, grytor, risottos, soppor, etc. När buljongen är kall förblir fettet stelnat på toppen. Detta gör det lättare att ta bort.

PICON MOJO

INGREDIENSER

8 matskedar vinäger

2 teskedar spiskummin

2 teskedar söt paprika

2 vitlökhuvuden

3 cayennepeppar

30 matskedar olja

grovt salt

BEHANDLING

Slå alla fasta ingredienser, utom paprika, i en mortel till en pasta.

Tillsätt paprikan och fortsätt purén. Tillsätt gradvis vätskorna tills en slät och emulgerad sås erhålls.

RUNDA

Perfekt att åtfölja den berömda skrynkliga potatisen och även för grillad fisk.

PESTO SÅS

INGREDIENSER

100 g pinjenötter

100 g parmesan

1 knippe färsk basilika

1 vitlöksklyfta

söt olivolja

BEHANDLING

Slå ihop alla ingredienser utan att lämna dem väldigt homogena för att märka pinjenötternas krispighet.

RUNDA

Du kan byta ut pinjenötterna mot valnötter och basilikan mot färsk rucola. Ursprungligen är den gjord i murbruk.

SÖTSUR SÅS

INGREDIENSER

100 g socker

100 ml vinäger

50 ml sojasås

Skal av 1 citron

Skal av 1 apelsin

BEHANDLING

Koka socker, vinäger, sojasås och citrusskal i 10 min. Låt svalna innan användning.

RUNDA

Det är det perfekta tillbehöret till vårrullar.

GRÖNA MOJITOS

INGREDIENSER

8 matskedar vinäger

2 teskedar spiskummin

4 bollar grönpeppar

2 vitlökhuvuden

1 knippe persilja eller koriander

30 matskedar olja

grovt salt

BEHANDLING

Blanda alla fasta ämnen tills det bildar en pasta.

Tillsätt gradvis vätskorna tills en slät och emulgerad sås erhålls.

RUNDA

Den kan förvaras utan problem täckt i plastfolie, kyld i kylen några dagar.

BESAMMMELLASÅS

INGREDIENSER

85 g smör

85 g mjöl

1 liter mjölk

Muskot

Salt och peppar

BEHANDLING

Smält smöret i en kastrull, tillsätt mjölet och låt koka på svag värme i 10 minuter under konstant omrörning.

Tillsätt mjölken på en gång och koka i ytterligare 20 minuter. Fortsätt blanda. Krydda med salt, peppar och muskotnöt.

RUNDA

För att undvika att det bildas klumpar, koka mjölet med smöret på låg värme och fortsätt vispa tills blandningen blir nästan flytande.

SÅSJÄGARE

INGREDIENSER

200 g svamp

200 g tomatsås

125 g smör

½ liter köttbuljong

¼ liter vitt vin

1 matsked mjöl

1 vårlök

Salt och peppar

BEHANDLING

Stek den finhackade gräslöken i smör på medelvärme i 5 minuter.

Tillsätt den rengjorda och kvartade svampen och höj värmen. Koka ytterligare 5 minuter tills vattnet tar slut. Tillsätt mjölet och koka i ytterligare 5 minuter under konstant omrörning.

Blöt med vinet och låt det avdunsta. Tillsätt tomatsåsen och köttbuljongen. Koka ytterligare 5 minuter.

RUNDA

Förvara i kylen och bred en lätt smörfilm över så att det inte bildas en skorpa på ytan.

AIOLI-SÅS

INGREDIENSER

6 vitlöksklyftor

Vinägern

½ liter lätt olivolja

salt

BEHANDLING

Krossa vitlöken med saltet i en mortel tills du får en pasta.

Tillsätt gradvis oljan, rör hela tiden med mortelstöten tills du får en tjock sås. Tillsätt en klick vinäger till såsen.

RUNDA

Om du tillsätter 1 äggula när du pressar vitlöken är det lättare att förbereda såsen.

AMERIKANSK SÅS

INGREDIENSER

150 g räkor

250 g räkor och räkor och huvuden

250 g mogna tomater

250 g lök

100 g smör

50 g morötter

50 g purjolök

½ liter fiskbuljong

1 dl vitt vin

½ dl konjak

1 matsked mjöl

1 jämn tesked varm paprika

1 kvist timjan

salt

BEHANDLING

Koka grönsaker, utom tomater, skurna i små bitar i smör. Stek sedan paprikan och mjölet.

Fräs krabban och huvudena på resten av skaldjuren och flambera med konjaken. Spara krabbstjärtarna och mal slaktkropparna med buljongen. Sila 2 eller 3 gånger tills det inte finns något skal kvar.

Tillsätt buljong, vin, kvartade tomater och timjan till grönsakerna. Koka i 40 minuter, mosa och tillsätt salt.

RUNDA

Perfekt sås till fylld paprika, marulk eller fiskpaj.

SUNRISE SÅS

INGREDIENSER

45 g smör

½ l sammetslen sås (se avsnittet Buljonger och såser)

3 matskedar tomatsås

BEHANDLING

Koka upp den sammetslena såsen, lägg i tomatskedarna och vispa med en visp.

Ta av från värmen, tillsätt smöret och fortsätt röra tills det är väl blandat.

RUNDA

Använd denna sås för att åtfölja devilade ägg.

GRILLSÅS

INGREDIENSER

1 burk cola

1 kopp tomatsås

1 kopp ketchup

½ kopp vinäger

1 tsk oregano

1 tsk timjan

1 tsk spiskummin

1 vitlöksklyfta

1 krossad cayennepeppar

½ lök

Olivolja

Salt och peppar

BEHANDLING

Skär löken och vitlöken i små bitar och fräs dem i lite olja. Tillsätt tomaten, ketchupen och vinägern när den är mjuk.

Koka 3 min. Tillsätt cayennepeppar och kryddor. Rör om, häll i Coca-Cola och koka tills en tjock konsistens återstår.

RUNDA

Detta är en perfekt sås till kycklingvingar. Kan frysas i individuella istärningsbrickor och användas endast vid behov.

BERNESISK SÅS

INGREDIENSER

250 g klarat smör

1 dl dragonvinäger

1 dl vitt vin

3 äggulor

1 schalottenlök (eller ½ liten vårlök)

Dragon

Salt och peppar

BEHANDLING

Hetta upp den hackade schalottenlöken i en kastrull med vinäger och vin. Minska till ca 1 matsked.

Vispa de saltade äggulorna i vattenbad. Tillsätt vin- och vinägerreduktionen plus 2 matskedar kallt vatten tills det fördubblas.

Tillsätt gradvis det smälta smöret till äggulorna, fortsätt att vispa. Tillsätt lite hackad dragon och förvara i bain-marie vid max 50°C.

RUNDA

Det är viktigt att förvara den här såsen i en dubbelpanna på låg värme så att den inte stelnar.

CARBONARA-SÅS

INGREDIENSER

200 g bacon

200 g grädde

150 g parmesan

1 medelstor lök

3 äggulor

Salt och peppar

BEHANDLING

Fräs den hackade löken. När den fått färg, lägg i baconet skuret i strimlor och låt stå på värmen tills det är gyllenbrunt.

Häll sedan i grädden, salt och peppar och låt puttra i 20 minuter.

Väl av värmen, tillsätt riven ost, äggulorna och blanda.

RUNDA

Om du har rester till ett annat tillfälle, när det väl är uppvärmt, gör det på låg värme och inte för länge så att ägget inte stelnar.

CHARCUTERASÅS

INGREDIENSER

200 g vårlök

100 g pickles

100 g smör

½ liter köttbuljong

125cl vitt vin

125cl vinäger

1 matsked senap

1 matsked mjöl

Salt och peppar

BEHANDLING

Fräs den hackade löken i smör. Tillsätt mjölet och koka försiktigt i 5 min.

Höj värmen och häll i vin och vinäger och reducera till hälften under konstant omrörning.

Tillsätt buljongen, saltgurkan skuren i julienne-remsor och koka i ytterligare 5 minuter. Ta av från värmen och tillsätt senap. Säsong.

RUNDA

Denna sås är idealisk för fett kött.

CUMBERLANDSÅS

INGREDIENSER

150 g vinbärssylt

½ dl portvin

1 kopp mörk köttbuljong (se avsnittet Buljonger och såser)

1 tsk ingefärapulver

1 matsked senap

1 schalottenlök

½ apelsinskal

½ citronskal

½ apelsinjuice

saft av ½ citron

Salt och peppar

BEHANDLING

Julienne apelsin och citronskal. Koka i kallt vatten och koka i 10 s. Upprepa operationen två gånger. Låt rinna av och svalna.

Finhacka schalottenlöken och koka i 1 minut, rör hela tiden med vinbärssylt, portvin, buljong, citrusskal och -saft, senap, ingefära, salt och peppar. Låt svalna.

RUNDA

Det är en perfekt krydda som tillbehör till paté- eller vilträtter.

CURRYSÅS

INGREDIENSER

200 g lök

2 matskedar mjöl

2 skedar curry

3 vitlöksklyftor

2 stora tomater

1 kvist timjan

1 lagerblad

1 flaska kokosmjölk

1 äpple

1 banan

Olivolja

salt

BEHANDLING

Fräs den hackade löken och vitlöken i oljan. Tillsätt curryn och koka i 3 min. Tillsätt mjölet och koka i ytterligare 5 minuter under konstant omrörning.

Tillsätt de kvartade tomaterna, örterna och kokosmjölken. Koka i 30 minuter på låg värme. Tillsätt det skalade och tärnade äpplet och bananen och koka i ytterligare 5 minuter. Mal, filtrera och korrigera saltet.

RUNDA

För att göra denna sås mindre kalorifattig, reducera kokosmjölken till hälften och ersätt den med kycklingfond.

VITLÖKSSÅS

INGREDIENSER

250 ml grädde

10 vitlöksklyftor

Salt och peppar

BEHANDLING

Blanchera vitlöken 3 gånger i kallt vatten. Koka upp, låt rinna av och koka upp det kalla vattnet. Upprepa denna operation 3 gånger.

När de är blancherade, koka dem i 25 minuter samtidigt som grädden. Smaksätt till sist med salt och peppar.

RUNDA

Alla krämer är inte likadana. Om den är för tjock, tillsätt lite grädde och koka i ytterligare 5 minuter. Om det däremot är väldigt flytande, koka längre. Den är perfekt för fisk.

BARA SÅS

INGREDIENSER

200 g björnbär

25 g socker

250 ml spansk sås (se avsnittet Buljonger och såser)

100 ml sött vin

2 matskedar vinäger

1 matsked smör

Salt och peppar

BEHANDLING

Gör en karamell med sockret på låg värme. Tillsätt vinäger, vin, björnbär och koka i 15 minuter.

Häll i den spanska såsen. Smaka av med salt och peppar, blanda, filtrera och låt koka upp med smöret.

RUNDA

Det är en perfekt krydda för vilt.

CIDERSÅS

INGREDIENSER

250 ml grädde

1 flaska cider

1 zucchini

1 morot

1 purjolök

salt

BEHANDLING

Skär grönsakerna i stavar och bryn dem i 3 minuter på hög värme. Häll i cidern och låt reducera i 5 minuter.

Tillsätt grädden, saltet och koka i ytterligare 15 minuter.

RUNDA

Den passar perfekt till en rygg av grillad havsruda eller en skiva lax.

TOMATSÅS

INGREDIENSER

1 ½ kg mogna tomater

250 g lök

1 glas vitt vin

1 skinkben

2 vitlöksklyftor

1 stor morot

Färsk timjan

färsk rosmarin

Socker (valfritt)

salt

BEHANDLING

Skär lök, vitlök och morot i julienne-remsor och bryn på medelvärme. När grönsakerna är mjuka, lägg i benet och avglasera med vinet. Slå på värmen.

Tillsätt de kvartade tomaterna och örterna. Grädda 30 min.

Ta bort benet och örterna. Krossa, låt rinna av och justera eventuellt salt och socker.

RUNDA

Frys in i individuella istärningsbrickor för att alltid ha läcker hemgjord tomatsås till hands.

PEDRO XIMENEZ VINSÅS

INGREDIENSER

35 g smör

250 ml spansk sås (se avsnittet Buljonger och såser)

75 ml Pedro Ximenez vin

Salt och peppar

BEHANDLING

Värm vinet i 5 minuter på medelvärme. Tillsätt den spanska såsen och koka i ytterligare 5 minuter.

För att tjockna och ge glans, stäng av värmen och rör ner det kalla smöret skuret i tärningar. Säsong.

RUNDA

Det kan göras med vilket sött vin som helst, som portvin.

KRÄMSÅS

INGREDIENSER

½ l béchamel (se kapitlet Buljonger och såser)

200cl grädde

saft av ½ citron

BEHANDLING

Koka upp béchamel och tillsätt grädden. Koka tills ca 400 cl sås erhålls.

När av värmen, tillsätt citronsaften.

RUNDA

Perfekt för gratinering, för att smaksätta fisk och fyllda ägg.

MAJONNAJ MAJONNAJ

INGREDIENSER

2 ägg

saft av ½ citron

½ liter lätt olivolja

Salt och peppar

BEHANDLING

Lägg äggen och citronsaften i ett mixerglas.

Vispa med mixer 5, tillsätt gradvis oljan utan att sluta vispa. Krydda med salt och peppar.

RUNDA

För att det inte ska skära sig under krossningen, tillsätt 1 matsked varmt vatten i mixerglaset med resten av ingredienserna.

YOGHURT OCH DILLSÅS

INGREDIENSER

20 g lök

75 ml majonnässås (se avsnittet om buljonger och såser)

1 matsked honung

2 yoghurtar

Dill

salt

BEHANDLING

Blanda alla ingredienser, förutom dillen, tills du får en slät sås.

Hacka dillen fint och tillsätt den i såsen. Ta bort och korrigera saltet.

RUNDA

Den passar perfekt till stekt potatis eller lammkött.

DÄVELENS SÅS

INGREDIENSER

100 g smör

½ liter köttbuljong

3 dl vitt vin

1 vårlök

2 paprika

salt

BEHANDLING

Skär löken i små bitar och låt torka vid hög temperatur. Tillsätt chilipeppar, avglasera med vinet och reducera till hälften av volymen.

Häll i buljongen, koka i ytterligare 5 minuter och smaka av med salt och kryddor.

Tillsätt det mycket kalla smöret från värmen och blanda med en visp tills blandningen är tjock och blank.

RUNDA

Denna sås kan också göras med sött vin. Resultatet är utsökt.

SPANSK SÅS

INGREDIENSER

30 g smör

30 g mjöl

1 liter nötbuljong (reducerad)

Salt och peppar

BEHANDLING

Stek mjölet i smör tills det får en lätt rostad ton.

Häll i den kokande buljongen under konstant omrörning. Koka i 5 minuter och smaka av med salt och peppar.

RUNDA

Denna sås är grunden för många förberedelser. Detta är vad som kallas grundsåsen i matlagning.

HOLLANDS SÅS

INGREDIENSER

250 g smör

3 äggulor

¼ citronsaft

Salt och peppar

BEHANDLING

För att smälta smör.

Vispa äggulorna i en bain-marie med lite salt, peppar och citronsaft plus 2 matskedar kallt vatten tills den dubbleras i volym.

Tillsätt gradvis det smälta smöret till äggulorna, fortsätt att vispa. Håll vattenbadet vid en maxtemperatur på 50°C.

RUNDA

Denna sås är spektakulär att ackompanjera bakad potatis med rökt lax på toppen.

ITALIENSK DRESSING

INGREDIENSER

125 g tomatsås

100 g svamp

50 g York skinka

50 g vårlök

45 g smör

125 ml spansk sås (se avsnittet Buljonger och såser)

90 ml vitt vin

1 kvist timjan

1 kvist rosmarin

Salt och peppar

BEHANDLING

Hacka löken fint och fräs den i smöret. När de är mjuka höjer du värmen och tillsätter de skalade och rensade svamparna. Tillsätt den tärnade kokta skinkan.

Tillsätt vin och örter och låt det reducera helt.

Tillsätt den spanska såsen och tomatsåsen. Koka i 10 minuter och smaka av med salt och peppar.

RUNDA

Perfekt till pasta och kokta ägg.

MOUSSELINSÅS

INGREDIENSER

250 g smör

85 ml vispad grädde

3 äggulor

¼ citronsaft

Salt och peppar

BEHANDLING

För att smälta smör.

Vispa äggulorna bay-marie med lite salt, peppar och citronsaft. Tillsätt 2 matskedar kallt vatten tills den fördubblats i volym. Tillsätt gradvis smöret till äggulorna, fortsätt att vispa.

Precis innan servering, vispa grädden och tillsätt den i föregående blandning med mjuka och omslutande rörelser.

RUNDA

Håll vattenbadet vid en maxtemperatur på 50°C. Den är perfekt till laxgratänger, rakmusslor, sparris etc.

REMOULADSÅS

INGREDIENSER

250 g majonnässås (se avsnittet Buljonger och såser)

50 g pickles

50 g kapris

10 g ansjovis

1 tsk hackad färsk persilja

BEHANDLING

Mal ansjovisen i en mortel tills den är krossad. Skär kapris och pickles i mycket små bitar. Tillsätt resten av ingredienserna och blanda.

RUNDA

Perfekt för några deviled ägg.

BIZCAINA-SÅS

INGREDIENSER

500 g lök

400 g färska tomater

25 g bröd

3 vitlöksklyftor

4 chorizo- eller ñora-peppar

Socker (valfritt)

Olivolja

salt

BEHANDLING

Blötlägg ñoras för att ta bort köttet.

Skär löken och vitlöken i julienne-remsor och bryn dem på medelvärme i en täckt panna i 25 minuter.

Tillsätt brödet och de tärnade körsbärstomaterna och fortsätt koka i ytterligare 10 minuter. Tillsätt carne de ñoras och koka i ytterligare 10 minuter.

Krossa och justera salt och socker om det behövs.

RUNDA

Även om det är ovanligt, är det en fantastisk sås att göra med spagetti.

RÖD SÅS

INGREDIENSER

2 vitlöksklyftor

1 stor tomat

1 liten lök

½ liten röd paprika

½ liten grön paprika

2 påsar bläckfiskbläck

vitt vin

Olivolja

salt

BEHANDLING

Skär grönsakerna i små bitar och låt dem torka försiktigt i 30 minuter.

Tillsätt den rivna tomaten och koka på medelhög värme tills den tappar vattnet. Skruva upp värmen och lägg i bläckfickorna och lite vin. Låt oss minska det med hälften.

Blanda, filtrera och tillsätt salt.

RUNDA

Om lite mer bläck tillsätts efter malningen blir såsen ljusare.

MORGONSÅS

INGREDIENSER

75 g parmesan

75 g smör

75 g mjöl

1 liter mjölk

2 äggulor

Muskot

Salt och peppar

BEHANDLING

Smält smöret i en kastrull. Tillsätt mjölet och låt koka på låg värme i 10 minuter under konstant omrörning.

Häll i mjölken på en gång och koka i ytterligare 20 minuter under konstant omrörning.

Tillsätt äggulor och ost från värmen och fortsätt blanda. Krydda med salt, peppar och muskotnöt.

RUNDA

Det är en perfekt gratängsås. Vilken typ av ost som helst kan användas.

ROMASCO-SÅS

INGREDIENSER

100 g vinäger

80 g rostade mandlar

½ tsk söt paprika

2 eller 3 mogna tomater

2 paprika

1 liten skiva rostat bröd

1 huvud vitlök

1 chili

250 g extra virgin olivolja

salt

BEHANDLING

Fukta ñoras i varmt vatten i 30 min. Ta bort fruktköttet och håll det åt sidan.

Värm ugnen till 200°C och rosta tomaterna och vitlökshuvudet (tomaterna tar cirka 15 till 20 minuter och vitlöken lite mindre).

När du har grillat, rengör skalet och fröna på tomaterna och ta bort vitlöken en efter en. Lägg i ett mixerglas med mandel, rostat bröd, ñora kött, olja och vinäger. Vispa väl.

Tillsätt sedan den söta paprikan och en nypa röd paprika. Vispa igen och smaka av med salt.

RUNDA

Mal inte såsen för mycket.

SOUBISE-SÅS

INGREDIENSER

100 g smör

85 g mjöl

1 liter mjölk

1 lök

Muskot

Salt och peppar

BEHANDLING

Smält smöret i en kastrull och koka sakta löken skuren i strimlor i 25 minuter. Tillsätt mjölet och koka i ytterligare 10 minuter under konstant omrörning.

Häll i mjölken på en gång och låt koka i ytterligare 20 minuter på låg värme under konstant omrörning. Krydda med salt, peppar och muskotnöt.

RUNDA

Den kan serveras som den är eller mosad. Den är perfekt för cannelloni.

TARTAR SÅS

INGREDIENSER

250 g majonnässås (se avsnittet Buljonger och såser)

20 g vårlök

1 matsked kapris

1 matsked färsk persilja

1 matsked senap

1 inlagd gurka

1 kokt ägg

salt

BEHANDLING

Finhacka gräslök, kapris, persilja, gurka och kokt ägg.

Blanda ihop allt och tillsätt majonnäs och senap. Lägg en nypa salt.

RUNDA

Den passar perfekt till fisk och charkuterier.

KARAMELLSÅS

INGREDIENSER

150 g) Socker

70 g smör

300 ml grädde

BEHANDLING

Gör en karamell med smör och socker, blanda aldrig.

När karamellen är kokt tar du av värmen och tillsätter grädden. Koka i 2 minuter på hög värme.

RUNDA

Karamellen kan smaksättas genom att tillsätta 1 kvist rosmarin.

POTTAGE

INGREDIENSER

250 g morötter

250 g purjolök

250 g tomater

150 g lök

150 g kålrot

100 g selleri

salt

BEHANDLING

Tvätta grönsakerna väl och skär dem i vanliga bitar. Lägg i en kastrull och täck med kallt vatten.

Koka på låg värme i 2 timmar. Filtrera och tillsätt salt.

RUNDA

Grönsakerna som används kan användas för att göra en god kräm. Koka alltid utan lock, så att när vattnet avdunstar koncentreras smakerna bättre.

SAMMETSSÅS

INGREDIENSER

35 g smör

35 g mjöl

½ liter buljong (fisk, kött, fågel, etc.)

salt

BEHANDLING

Bryn försiktigt mjölet i smöret i 5 minuter.

Tillsätt buljongen på en gång och koka på medelvärme under konstant omrörning. Lägg en nypa salt.

RUNDA

Den fungerar som bas för många andra såser.

SÅSDRESSING

INGREDIENSER

4 matskedar vinäger

1 liten lök

1 stor tomat

½ röd paprika

½ grön paprika

12 matskedar olivolja

salt

BEHANDLING

Skär tomat, paprika och lök i mycket små bitar.

Blanda ihop allt och tillsätt olja, vinäger och salt.

RUNDA

Perfekt för musslor i sås eller potatis med tonfisk.

RÖDA FRUKTER I SÖTT VIN MED MINTA

INGREDIENSER

550 g röda frukter

50 g socker

2 dl sött vin

5 myntablad

BEHANDLING

Koka de röda frukterna, sockret, sött vin och myntabladen i en kastrull i 20 minuter.

Låt stå i samma behållare tills det svalnat och servera i individuella skålar.

RUNDA

Krossa och servera med glass och några chokladbiskvier.

RUNDA

Bättre att äta den kall. Lägg några bitar kanderad frukt ovanpå före tillagning. Resultatet är fantastiskt.

KYCKLINGPINAR MED WHISKY

INGREDIENSER

12 kycklinglår

200 ml grädde

150 ml whisky

100 ml kycklingbuljong

3 äggulor

1 vårlök

Vanligt mjöl

Olivolja

Salt och peppar

BEHANDLING

Krydda, mjöl och bryn kycklinglåren. Ta bort och reservera.

Fräs den finhackade löken i samma olja i 5 minuter. Tillsätt whiskyn och flambera (locket måste vara av). Häll i grädde och buljong. Lägg tillbaka kycklingen och koka i 20 minuter på låg värme.

Av värmen, tillsätt äggulorna och blanda försiktigt så att såsen tjocknar något. Smaka av med salt och peppar om det behövs.

RUNDA

Whisky kan ersättas med den alkoholhaltiga dryck som vi gillar bäst.

GRILLAD ANKA

INGREDIENSER

1 ren anka

1 liter kycklingbuljong

4 dl sojasås

3 skedar honung

2 vitlöksklyftor

1 liten lök

1 cayennepepp

färsk ingefära

Olivolja

Salt och peppar

BEHANDLING

Blanda i en skål kycklingbuljong, sojabönor, riven vitlök, cayennepeppar och finhackad lök, honung, en bit riven ingefära och peppar. Marinera ankan i denna blandning i 1 timme.

Ta ur marinaden och lägg på en plåt med hälften av marinadvätskan. Tillaga i 200°C i 10 minuter på varje sida. Fukta hela tiden med en borste.

Sänk ugnen till 180 ºC och tillaga ytterligare 18 minuter på varje sida (fortsätt måla var 5:e minut med en pensel).

Ta bort och ställ ankan åt sidan och låt såsen reducera till hälften i en kastrull på medelvärme.

RUNDA

Tillaga kycklingbröstet nedåt först, det gör dem mindre torra och saftigare.

VILLAROY KYCKLINGBRÖST

INGREDIENSER

1 kg kycklingbröst

2 morötter

2 stjälkar selleri

1 lök

1 purjolök

1 kålrot

Mjöl, ägg och ströbröd (att belägga)

För bechamel

1 liter mjölk

100 g smör

100 g mjöl

Muskot

Salt och peppar

BEHANDLING

Koka alla rengjorda grönsaker i 2 liter (kallt) vatten i 45 min.

Förbered under tiden en béchamelsås genom att bryna mjölet i smöret på medelhög värme i 5 minuter. Tillsätt sedan mjölken och blanda. Salta och tillsätt muskotnöt. Koka i 10 minuter på låg värme utan att sluta vispa.

Sila av buljongen och koka ankbrösten (hela eller filéer) i 15 minuter. Häll av dem och låt dem svalna. Klä brösten väl med béchamelsåsen och ställ åt sidan i kylen. När den är kall täcker du den med mjölet, sedan med ägget och till sist med ströbrödet. Stek i rikligt med olja och servera rykande het.

RUNDA

Du kan använda buljongen och mosade grönsaker för att göra en läcker kräm.

Kycklingbröst med citronsenapsås

INGREDIENSER

4 kycklingbröst

250 ml grädde

3 matskedar konjak

3 matskedar senap

1 matsked mjöl

2 vitlöksklyftor

1 citron

½ vårlök

Olivolja

Salt och peppar

BEHANDLING

Krydda och bryn brösten skurna i vanliga bitar med en klick olja. Boka.

Bryn den finhackade löken och vitlöken i samma olja. Tillsätt mjölet och koka i 1 min. Tillsätt konjaken tills det avdunstar och häll grädden, 3 matskedar citronsaft och dess skal, senap och salt. Koka såsen i 5 minuter.

Lägg tillbaka kycklingen och koka på svag värme i ytterligare 5 minuter.

RUNDA

Riv citronen först innan du extraherar saften. För att spara pengar kan den även göras med mald kyckling istället för bröst.

ROSTAD PINTADA MED KAVISIONER OCH SVAMP

INGREDIENSER

1 målning

250 g svamp

Ta med 200 ml

¼ liter kycklingbuljong

15 urkärnade katrinplommon

1 vitlöksklyfta

1 tsk mjöl

Olivolja

Salt och peppar

BEHANDLING

Krydda med salt och peppar och rosta pärlhönsen med katrinplommon i 40 minuter vid 175 ºC. Vänd den halvvägs genom tillagningen. Efter tiden, ta bort och behåll juicerna.

Bryn 2 msk olja och mjölet i en kastrull i 1 minut. Strö över vinet och reducera till hälften. Häll över såsen från steken och fonden. Koka i 5 minuter utan att röra om.

Bryn svampen separat med lite hackad vitlök, tillsätt dem i såsen och låt koka upp. Servera pärlhönsen med såsen.

RUNDA

För speciella tillfällen kan du garnera pärlhöns med äpple, foie gras, köttfärs, torkad frukt.

 AVES

VILLAROY KYCKLINGBRÖST FYLLD MED KARAMELISERADE PIQUILLOS MED MODENA VÄTTIKA

INGREDIENSER

4 kycklingbröstfiléer

100 g smör

100 g mjöl

1 liter mjölk

1 burk piquillopeppar

1 glas Modena vinäger

½ glas socker

Muskot

Ägg och ströbröd (att belägga)

Olivolja

Salt och peppar

BEHANDLING

Fräs smör och mjöl i 10 minuter på låg värme. Häll sedan i mjölken och koka i 20 minuter under konstant omrörning. Salta och tillsätt muskotnöt. Låt svalna.

Karamellisera under tiden paprikan med vinägern och sockret tills vinägern börjar (bara börjar) tjockna.

Krydda filéerna och fyll på med piquillo. Slå in ankbrösten i genomskinlig film som om de vore väldigt fasta godisar, stäng och koka i 15 minuter i vatten.

När de är kokta, pensla alla sidor med béchamelsåsen och doppa dem i det uppvispade ägget och ströbrödet. Stek i rikligt med olja.

RUNDA

Om du tillsätter några skedar curry samtidigt som du hoppar över mjölet till bechamel blir resultatet annorlunda och väldigt fylligt.

KYCKLINGBRÖST SPADDAD MED Pancetta, SVAMP OCH OST

INGREDIENSER

4 kycklingbröstfiléer

100 g svamp

4 skivor rökt bacon

2 matskedar senap

6 matskedar grädde

1 lök

1 vitlöksklyfta

skivad ost

Olivolja

Salt och peppar

BEHANDLING

Krydda kycklingfiléerna. Rensa och skär svampen i fjärdedelar.

Bryn baconet och bryn den hackade svampen med vitlöken på hög värme.

Garnera filéerna med bacon, ost och svamp och förslut dem perfekt med en genomskinlig film som om de vore desserter. Koka i 10 minuter i kokande vatten. Ta bort filmen och nätet.

Bryn å andra sidan löken skuren i små bitar, tillsätt grädde och senap, koka i 2 minuter och blanda. Sås på kycklingen

RUNDA

Matfilmen tål höga temperaturer och ger ingen smak åt maten.

SÖT VINKYCKLING MED KAVISOR

INGREDIENSER

1 stor kyckling

100 g urkärnade katrinplommon

½ liter kycklingbuljong

½ flaska sött vin

1 vårlök

2 morötter

1 vitlöksklyfta

1 matsked mjöl

Olivolja

Salt och peppar

BEHANDLING

Krydda och bryn kycklingbitarna i en het panna med oljan. Gå ut och boka.

Bryn lök, vitlök och finhackade morötter i samma olja. När grönsakerna är väl pocherade, tillsätt mjölet och koka ytterligare min.

Blöt med russinvinet och öka värmen tills det nästan är helt reducerat. Häll i buljongen och tillsätt kycklingen och katrinplommon igen.

Grädda ca 15 minuter eller tills kycklingen är mör. Ta bort kycklingen och mixa såsen. Krydda den med salt.

RUNDA

Om du tillsätter lite kallt smör i moset och vispar det med en visp så tjocknar det och glänser mer.

ORANGE KYCKLINGBRÖST MED CASHEW

INGREDIENSER

4 kycklingbröst

75 g cashewnötter

2 glas färsk apelsinjuice

4 skedar honung

2 matskedar Cointreau

Vanligt mjöl

Olivolja

Salt och peppar

BEHANDLING

Krydda och mjöla brösten. Bryn dem i rikligt med olja, ta bort dem och håll dem åt sidan.

Koka apelsinjuicen med Cointreau och honung i 5 minuter. Tillsätt brösten till såsen och koka på svag värme i 8 minuter.

Servera med salsa och cashewnötter på toppen.

RUNDA

Ett annat sätt att göra en god apelsinsås är att börja med inte för mörka godisar, till vilka naturlig apelsinjuice tillsätts.

MARINERAD RAPFRÅN

INGREDIENSER

4 rapphöns

300 g lök

200 g morötter

2 glas vitt vin

1 huvud vitlök

1 lagerblad

1 glas vinäger

1 glas olja

salt och 10 pepparkorn

BEHANDLING

Krydda och bryn rapphönsen på hög värme. Ta bort och reservera.

Bryn morötter och lök i samma olja i julienne-remsor. När grönsakerna är mjuka, tillsätt vin, vinäger, pepparkorn, salt, vitlök och lagerblad. Fräs i 10 minuter.

Sätt tillbaka rapphönan och koka på svag värme i ytterligare 10 minuter.

RUNDA

För att det marinerade köttet eller fisken ska få mest smak är det bäst att de vilar i minst 24 timmar.

KYCKLINGJÄGARE

INGREDIENSER

1 finhackad kyckling

50 g skivad svamp

½ liter kycklingbuljong

1 glas vitt vin

4 rivna tomater

2 morötter

2 vitlöksklyftor

1 purjolök

½ lök

1 knippe örter (timjan, rosmarin, lagerblad, etc.)

Olivolja

Salt och peppar

BEHANDLING

Krydda och bryn kycklingen i en het gryta med en klick olja. Gå ut och boka.

Bryn de tärnade morötterna, vitlöken, purjolöken och löken i samma olja. Tillsätt sedan den rivna tomaten. Stek tills tomaten tappar vattnet. Lämna tillbaka kycklingen.

Bryn svampen separat och lägg även till dem i grytan. Avglasa med glaset vin och låt det avdunsta.

Blöt med buljongen och tillsätt de aromatiska örterna. Koka tills kycklingen är mör. Krydda med salt.

RUNDA

Denna maträtt kan också göras med kalkon och till och med kanin.

Kycklingvingar i COCA COLA-STIL

INGREDIENSER

1 kg kycklingvingar

½ liter koks

4 matskedar farinsocker

2 matskedar sojasås

1 rågad matsked oregano

½ citron

Salt och peppar

BEHANDLING

Lägg Coca-Cola, socker, soja, oregano och saften av ½ citron i en kastrull och koka i 2 minuter.

Skär vingarna på mitten och smaka av med salt. Koka dem i 160 ºC tills de fått lite färg. Tillsätt nu hälften av såsen och vänd vingarna. Vänd dem var 20:e minut.

När såsen nästan är reducerad, tillsätt den andra hälften och fortsätt koka tills såsen tjocknar.

RUNDA

Om du lägger till en vaniljkvist medan du förbereder såsen förstärks dess smak och ger den en distinkt touch.

VITLÖKSKYCKLING

INGREDIENSER

1 finhackad kyckling

8 vitlöksklyftor

1 glas vitt vin

1 matsked mjöl

1 cayennepepp

Vinägern

Olivolja

Salt och peppar

BEHANDLING

Krydda kycklingen och bryn den väl. Ställ åt sidan och låt oljan svalna.

Skär vitlöksklyftorna i tärningar och confitera (koka i olja, stek inte) vitlök och cayennepepp utan att färga dem.

Blöt in vinet och reducera tills det har en viss tjocklek, men det blir inte torrt.

Tillsätt sedan kycklingen och lite i taget teskeden mjöl ovanpå. Rör om (kolla om vitlöken fastnar på kycklingen, om inte, tillsätt lite mjöl tills det fastnar något).

Täck över och rör om då och då. Koka i 20 minuter på låg värme. Komplettera med lite vinäger och koka ytterligare en minut.

RUNDA

Wokad kyckling är ett måste. Det måste vara väldigt varmt för att hålla det gyllene på utsidan och saftigt på insidan.

KYCKLING CHILINDRON

INGREDIENSER

1 liten kyckling, finhackad

350 g hackad serranoskinka

1 burk 800 g skalade tomater

1 stor röd paprika

1 stor grön paprika

1 stor lök

2 vitlöksklyftor

timjan

1 glas vitt eller rött vin

socker

Olivolja

Salt och peppar

BEHANDLING

Krydda kycklingen och bryn den på hög värme. Gå ut och boka.

Bryn paprika, vitlök och lök skuren i medelstora bitar i samma olja. När grönsakerna är gyllenbruna, tillsätt skinkan och koka i ytterligare 10 minuter.

Lägg tillbaka kycklingen och häll över vinet. Sänk till hög värme i 5 minuter och tillsätt tomat och timjan. Sänk värmen och koka i ytterligare 30 minuter. Justera salt och socker.

RUNDA

Samma recept kan göras med köttbullar. Det blir inget kvar på tallriken!

MARINERAD MED VAKTEL OCH RÖDA FRUKTER

INGREDIENSER

4 vaktlar

150 g röda frukter

1 glas vinäger

2 glas vitt vin

1 morot

1 purjolök

1 vitlöksklyfta

1 lagerblad

Vanligt mjöl

1 glas olja

Salt och pepparkorn

BEHANDLING

Mjöla, krydda och bryn vaktlarna i en kastrull. Gå ut och boka.

Fräs morot och purjolök skuren i stavar och finhackad vitlök i samma olja. När grönsakerna är mjuka, tillsätt olja, vinäger och vin.

Tillsätt lagerblad och peppar. Salta och koka i 10 minuter med de röda frukterna.

Tillsätt vakteln och koka i ytterligare 10 minuter tills de är mjuka. Låt stå, täckt, från värmen.

RUNDA

Denna marinad, med vaktelkött, är en underbar vinägrett och passar till en god sallad av salladshjärtan.

KYCKLING MED CITRON

INGREDIENSER

1 kyckling

30 g socker

25 g smör

1 liter kycklingbuljong

1 dl vitt vin

saft av 3 citroner

1 lök

1 purjolök

Olivolja

Salt och peppar

BEHANDLING

Hacka och krydda kycklingen. Bryn på hög värme och ta bort.

Skala löken och skala purjolöken, skär i julienne-remsor. Fräs grönsakerna i samma olja som kycklingen gjordes i. Strö över vinet och låt det reducera.

Tillsätt citronsaft, socker och fond. Koka 5 min och lämna tillbaka kycklingen. Koka på låg värme i ytterligare 30 minuter. Krydda med salt och peppar.

RUNDA

För att såsen ska bli tunnare och utan klumpar av grönsaker är det bättre att mosa den.

SAN JACOBO KYCKLING MED SERRANO SKINKA, CASAR Tårta OCH RAKET

INGREDIENSER

8 tunna kycklingfiléer

150 g Casar kaka

100 g raket

4 skivor serranoskinka

Mjöl, ägg och flingor (till topping)

Olivolja

Salt och peppar

BEHANDLING

Krydda kycklingfiléerna och fördela dem med osten. Lägg rucola och serranoskinka på en av dem och lägg en annan ovanpå för att stänga den. Gör likadant med resten.

Häll dem i mjöl, uppvispat ägg och krossade flingor. Stek i rikligt med het olja i 3 min.

RUNDA

Den kan täckas av krossade popcorn, kiko och till och med maskar. Resultatet är väldigt roligt.

BAKAD KYCKLINGCURRY

INGREDIENSER

4 kycklingfimpar (per person)

1 liter grädde

1 vårlök eller lök

2 skedar curry

4 st vanlig yoghurt

salt

BEHANDLING

Skär löken i små bitar och blanda den i en skål med yoghurt, grädde och curry. Krydda med salt.

Gör några snitt i kycklingen och marinera den i yoghurtsåsen i 24 timmar.

Rosta i 180°C i 90 minuter, ta bort kycklingen och servera med den vispade såsen.

RUNDA

Om du har överbliven sås kan du använda den för att göra läckra köttbullar.

KYCKLING I RÖTT VIN

INGREDIENSER

1 finhackad kyckling

½ liter rött vin

1 kvist rosmarin

1 kvist timjan

2 vitlöksklyftor

2 purjolök

1 röd paprika

1 morot

1 lök

Kycklingbuljong

Vanligt mjöl

Olivolja

Salt och peppar

BEHANDLING

Krydda och bryn kycklingen i en mycket het stekpanna. Gå ut och boka.

Skär grönsakerna i små bitar och stek dem i samma olja som kycklingen stektes i.

Blöt i vinet, tillsätt de aromatiska örterna och koka i cirka 10 minuter på hög värme tills det tjocknar. Tillsätt kycklingen igen och häll i fonden tills den är täckt. Grädda i ytterligare 20 minuter eller tills köttet är mört.

RUNDA

Vill du ha en tunnare sås utan bitar, puré och låt rinna av.

SVART ÖL ROSTAD KYCKLING

INGREDIENSER

4 kycklinglår

750 ml mörk öl

1 matsked spiskummin

1 kvist timjan

1 kvist rosmarin

2 lökar

3 vitlöksklyftor

1 morot

Salt och peppar

BEHANDLING

Julienne löken, moroten och vitlöken. Lägg timjan och rosmarin på botten av en kastrull och arrangera lök, morötter och vitlök ovanpå; sedan kycklinglåren, med skinnsidan nedåt, kryddat med en klick spiskummin. Rosta i 175 ºC i ca 45 min.

Blöt med ölen efter 30 minuter, vänd botten upp och ner och koka i ytterligare 45 minuter. När kycklingen är rostad, ta bort den från pannan och blanda såsen.

RUNDA

Om 2 skivade och mosade äpplen läggs till mitten av steken med resten av såsen, blir smaken ännu bättre.

CHOKLADSÄP

INGREDIENSER

4 rapphöns

½ liter kycklingbuljong

½ glas rött vin

1 kvist rosmarin

1 kvist timjan

1 vårlök

1 morot

1 vitlöksklyfta

1 riven tomat

Choklad

Olivolja

Salt och peppar

BEHANDLING

Krydda och bryn rapphönsen. Boka.

Bryn den finhackade moroten, vitlöken och vårlöken i samma olja på medelvärme. Höj värmen och tillsätt tomaten. Koka tills det tappar vatten. Strö över vinet och låt det reducera nästan helt.

Blöt med buljongen och tillsätt de aromatiska örterna. Koka på svag värme tills rapphönsen är mjuka. Krydda med salt. Ta av från värmen och tillsätt choklad efter smak. Att ta bort.

RUNDA

För att ge en kryddig touch till rätten kan du lägga till en cayennepeppar, och vill du ha den knaprig, tillsätt lite rostade hasselnötter eller mandel.

ROSTAD KVARTSHÄL MED RÖD FRUKTSÅS

INGREDIENSER

4 kalkonrumpor

250 g röda frukter

½ liter cava

1 kvist timjan

1 kvist rosmarin

3 vitlöksklyftor

2 purjolök

1 morot

Olivolja

Salt och peppar

BEHANDLING

Skala och julienne purjolök, morötter och vitlök. Lägg denna grönsak på en plåt med timjan, rosmarin och röda frukter.

Lägg kalkonkvartarna ovanpå, droppade med en klick olja, med skinnsidan nedåt. Rosta i 175 ºC i 1 timme.

Bad med cava efter 30 min. Vänd köttet och koka i ytterligare 45 minuter. Efter tiden, ta bort från pannan. Blanda, filtrera och tillsätt salt i såsen.

RUNDA

Kalkonen är färdig när benet och låret separeras lätt.

ROSTAD KYCKLING MED PERSIKKSÅS

INGREDIENSER

4 kycklinglår

½ liter vitt vin

1 kvist timjan

1 kvist rosmarin

3 vitlöksklyftor

2 persikor

2 lökar

1 morot

Olivolja

Salt och peppar

BEHANDLING

Julienne löken, moroten och vitlöken. Skala persikorna, skär dem på mitten och ta bort benen.

Lägg timjan och rosmarin med morot, lök och vitlök på botten av en bakplåt. Lägg kvarten av culattan ovanpå, kryddat med en klick olja, med skinnet nedåt och grädda i 175°C i ca 45 minuter.

Efter 30 minuter, häll det vita vinet över dem, vänd dem och koka i ytterligare 45 minuter. När kycklingen är rostad, ta bort den från pannan och blanda såsen.

RUNDA

Äpplen eller päron kan läggas till steken. Såsen blir läcker.

KYCKLINGFILE SPPAD MED SPENAT OCH MOZZARELLA

INGREDIENSER

8 tunna kycklingfiléer

200 g färsk spenat

150 g mozzarella

8 basilikablad

1 tsk malen spiskummin

Mjöl, ägg och ströbröd (att belägga)

Olivolja

Salt och peppar

BEHANDLING

Krydda brösten på båda sidor. Garnera med spenat, riven ost och hackad basilika och täck med ytterligare en filé. Passera genom mjölet, det uppvispade ägget och en blandning av ströbröd och spiskummin.

Stek några minuter på varje sida och ta bort överflödig olja på absorberande papper.

RUNDA

Det perfekta tillbehöret är en god tomatsås. Denna maträtt kan göras av kalkon och till och med färsk rygg.

Stekt KYCKLING MED CAVA

INGREDIENSER

4 kycklinglår

1 flaska mousserande vin

1 kvist timjan

1 kvist rosmarin

3 vitlöksklyftor

2 lökar

Olivolja

Salt och peppar

BEHANDLING

Skär lök och vitlök julienne. Lägg timjan och rosmarin på botten av en ugnsform, lägg löken, vitlöken och sedan de kryddade bakbenen med skinnsidan nedåt. Rosta i 175 ºC i ca 45 min.

Ringla över cava efter 30 minuter, vänd på ryggen och koka i ytterligare 45 minuter. När kycklingen är rostad, ta bort den från pannan och blanda såsen.

RUNDA

En annan variant av samma recept är att göra den med lambrusco eller passitovin.

KYCKLINGSPYTT MED JORDNÖTSSÅS

INGREDIENSER

600 g kycklingbröst

150 g jordnötter

500 ml kycklingbuljong

200 ml grädde

3 matskedar sojasås

3 skedar honung

1 sked curry

1 finhackad cayennepeppar

1 matsked limejuice

Olivolja

Salt och peppar

BEHANDLING

Mal jordnötterna mycket väl tills de blir en pasta. Blanda dem i en skål med limesaft, buljong, soja, honung, curry, salt och peppar. Skär brösten i bitar och marinera dem i denna blandning över natten.

Ta ut kycklingen och lägg den på spett. Koka föregående blandning med grädden på låg värme i 10 minuter.

Bryn spetten i en stekpanna på medelvärme och servera med såsen ovanpå.

RUNDA

Du kan göra dem med kycklingrumpor. Men istället för att rosta dem i panna, rosta dem i ugnen med såsen ovanpå.

PEPITORIA KYCKLING

INGREDIENSER

1½ kg kyckling

250 g lök

50 g rostade mandlar

25 g stekt bröd

½ liter kycklingbuljong

¼ liter gott vin

2 vitlöksklyftor

2 lagerblad

2 kokta ägg

1 matsked mjöl

14 trådar saffran

150 g olivolja

Salt och peppar

BEHANDLING

Hacka och krydda kycklingen skuren i bitar. Brun och reservera.

Skär löken och vitlöken i små bitar och bryn dem i samma olja som kycklingen tillagades i. Tillsätt mjölet och fräs på låg värme i 5 minuter. Strö över vinet och låt det reducera.

Häll i den saltade buljongen och koka i ytterligare 15 minuter. Tillsätt sedan den reserverade kycklingen med lagerbladen och koka tills kycklingen är mjuk.

Rosta saffran separat och lägg det i morteln med det stekta brödet, mandeln och äggulorna. Mosa till en pasta och lägg i kycklinggrytan. Koka ytterligare 5 min.

RUNDA

Det finns inget bättre tillbehör till detta recept än en god rispilaff. Den kan presenteras med hackad äggvita och lite finhackad persilja på toppen.

KYCKLING MED Apelsin

INGREDIENSER

1 kyckling

25 g smör

1 liter kycklingbuljong

1 dl rosévin

2 skedar honung

1 kvist timjan

2 morötter

2 apelsiner

2 purjolök

Olivolja

Salt och peppar

BEHANDLING

Krydda och bryn den malda kycklingen på hög värme i olivolja. Ta bort och reservera.

Skala och skala morötter och purjolök och skär dem i julienne-remsor. Koka i samma olja som kycklingen brynts i. Strö över vinet och koka på hög värme tills det tjocknar.

Tillsätt apelsinjuice, honung och buljong. Koka i 5 minuter och lägg i kycklingbitarna igen. Koka på låg värme i 30 minuter. Tillsätt det kalla smöret och smaka av med salt och peppar.

RUNDA

Du kan hoppa över en god näve valnötter och lägga till dem i grytan i slutet av tillagningen.

Kycklinggryta med PORCINI

INGREDIENSER

1 kyckling

200 g serranoskinka

200 g porcini svamp

50 g smör

600 ml kycklingbuljong

1 glas vitt vin

1 kvist timjan

1 vitlöksklyfta

1 morot

1 lök

1 tomat

Olivolja

Salt och peppar

BEHANDLING

Hacka, krydda och bryn kycklingen i smör och en klick olja. Ta bort och reservera.

Bryn i samma fett löken, moroten och vitlöken skuren i små bitar och skinkan skuren i tärningar. Höj värmen och tillsätt den hackade porcini-svampen. Koka i 2 minuter, tillsätt den rivna tomaten och koka tills den tappar allt vatten.

Lägg i kycklingbitarna igen och häll över vinet. Reducera tills såsen nästan är torr. Blöt med buljongen och tillsätt timjan. Sjud på låg värme i 25 minuter eller tills kycklingen är mjuk. Krydda med salt.

RUNDA

Använd säsongsbetonad eller uttorkad svamp.

STRÅD KYCKLING MED NÖTTER OCH SOJA

INGREDIENSER

3 kycklingbröst

70 g russin

30 g mandel

30 g cashewnötter

30 g valnötter

30 g hasselnötter

1 glas kycklingbuljong

3 matskedar sojasås

2 vitlöksklyftor

1 cayennepepp

1 citron

Ingefära

Olivolja

Salt och peppar

BEHANDLING

Hacka ankbrösten, salta och peppra och bryn dem i en panna på hög värme. Ta bort och reservera.

I denna olja steker du valnötterna med riven vitlök, en bit riven ingefära, cayennepeppar och citronskal.

Tillsätt russin, reserverade kycklingbröst och sojabönor. Minska 1 min och häll över buljongen. Koka ytterligare 6 minuter på medelvärme och tillsätt salt om det behövs.

RUNDA

Det är knappast nödvändigt att använda salt eftersom det nästan helt kommer från sojabönor.

CHOKLADKYCKLING MED ROSTADE MANDLAR

INGREDIENSER

1 kyckling

60 g riven mörk choklad

1 glas rött vin

1 kvist timjan

1 kvist rosmarin

1 lagerblad

2 morötter

2 vitlöksklyftor

1 lök

Kycklingbuljong (eller vatten)

Rostade mandlar

extra virgin olivolja

Salt och peppar

BEHANDLING

Hacka, krydda och bryn kycklingen i en väldigt het gryta. Ta bort och reservera.

Bryn löken, morötterna och vitlöksklyftorna i samma olja i små bitar på låg värme.

Tillsätt lagerbladet och kvistarna av timjan och rosmarin. Tillsätt vin och buljong och koka på svag värme i 40 minuter. Salta och ta bort kycklingen.

Purea såsen genom mixern och lägg tillbaka den i kastrullen. Tillsätt kycklingen och chokladen och rör tills chokladen smält. Koka ytterligare 5 minuter för att blanda smakerna.

RUNDA

Toppa med de rostade mandlarna ovanpå. Att lägga till cayennepeppar eller chilipeppar ger den en kryddig kant.

LAMMERSPYTT MED PAPRIKA OCH SENAPSVINAIGRETT

INGREDIENSER

350 g lamm

2 matskedar vinäger

1 rågad matsked paprika

1 råga matsked senap

1 jämn sked socker

1 korg körsbärstomater

1 grön paprika

1 röd paprika

1 liten vårlök

1 lök

5 matskedar olivolja

Salt och peppar

BEHANDLING

Skala och skär grönsakerna, förutom vårlöken, i medelstora rutor. Skär lammet i tärningar av samma storlek. Montera spetten genom att varva en bit kött och en bit grönsaker. Säsong. Bryn dem i en mycket het panna med en klick olja i 1 eller 2 minuter på varje sida.

Blanda sedan senap, paprika, socker, olja, vinäger och hackad lök i en skål. Krydda med salt och emulgera.

Servera den nylagade kebaben med lite paprikasås.

RUNDA

Du kan även lägga till 1 msk curry och lite citronskal till vinägretten.

KALVBRÖST FYLLT MED PORT

INGREDIENSER

1 kg kalvfena (bok att fylla)

350 g fläskfärs

1 kg morötter

1 kg lök

100 g pinjenötter

1 liten burk piquillo paprika

1 burk svarta oliver

1 förpackning bacon

1 huvud vitlök

2 lagerblad

Tar med

Köttjuice

Olivolja

Salt och pepparkorn

BEHANDLING

Krydda fenan på båda sidor. Garnera med fläskkött, pinjenötter, hackad paprika, kvarterade oliver och strimlor av bacon. Rulla ihop och sätt en stygn eller knyt med tränsstråd. Stek på mycket hög värme, ta bort och ställ åt sidan.

Skär morötter, lök och vitlök i brunoise och bryn dem i samma olja som kalvköttet stektes i. Byt ut fenan. Blöt med lite portvin och köttbuljong tills allt är täckt. Tillsätt 8 pepparkorn och lagerblad. Koka under lock på låg värme i 40 minuter. Vänd var 10:e min. När köttet är mört tar du bort och mixar såsen.

RUNDA

Portvin kan ersättas med vilket annat vin eller champagne som helst.

MADRILEÑA KÖTTBULLAR

INGREDIENSER

1 kg köttfärs

500 g fläskfärs

500 g mogna tomater

150 g lök

100 g svamp

1 liter köttbuljong (eller vatten)

2 dl vitt vin

2 matskedar färsk persilja

2 matskedar ströbröd

1 matsked mjöl

3 vitlöksklyftor

2 morötter

1 lagerblad

1 ägg

socker

Olivolja

Salt och peppar

BEHANDLING

Blanda de två köttbitarna med den hackade persiljan, 2 tärnade vitlöksklyftor, ströbrödet, ägget, salt och peppar. Forma bollar och bryn dem i en panna. Gå ut och boka.

I samma olja, stek löken med den återstående vitlöken, tillsätt mjölet och bryn. Tillsätt tomaterna och koka i ytterligare 5 minuter. Blöt i vinet och koka i ytterligare 10 minuter. Tillsätt buljongen och fortsätt koka i ytterligare 5 minuter. Mal och korrigera salt och socker. Koka köttbullarna i såsen i 10 minuter med lagerbladet.

Skala, skala och skär morötter och svamp separat. Stek dem i lite olja i 2 minuter och lägg dem i köttbullargrytan.

RUNDA

För att göra köttbulleblandningen godare, tillsätt 150 g hackat färskt iberiskt bacon. Det är bäst att inte trycka för hårt när man gör bollar så att de blir saftigare.

KALVKINER MED CHOKLAD

INGREDIENSER

8 kalvkinder

½ liter rött vin

6 uns choklad

2 vitlöksklyftor

2 tomater

2 purjolök

1 stjälk selleri

1 morot

1 lök

1 kvist rosmarin

1 kvist timjan

Vanligt mjöl

Nötbuljong (eller vatten)

Olivolja

Salt och peppar

BEHANDLING

Krydda och bryn kinderna i en väldigt het panna. Gå ut och boka.

Skär grönsakerna i brunoise och fräs dem i samma panna som kinderna stektes i.

När grönsakerna är mjuka, tillsätt de rivna körsbärstomaterna och koka tills de tappar allt vatten. Tillsätt vinet, de aromatiska örterna och låt det avdunsta i 5 minuter. Tillsätt kinderna och köttbuljongen tills det täcks.

Koka tills kinderna är väldigt mjuka, tillsätt chokladen efter smak, blanda och smaka av med salt och peppar.

RUNDA

Såsen kan mosas ihop eller lämnas med hela grönsaksbitarna.

CONFIT BED FLÄSKTAKA MED SÖT VINSÅS

INGREDIENSER

½ spädgris, finhackad

1 glas sött vin

2 kvistar rosmarin

2 timjankvistar

4 vitlöksklyftor

1 liten morot

1 liten lök

1 tomat

söt olivolja

grovt salt

BEHANDLING

Fördela spädgrisen på en ugnsplåt och salta på båda sidor. Tillsätt pressad vitlök och örter. Täck med olja och koka i 100 ºC i 5 timmar. Låt den sedan svalna och urben, ta bort kött och skinn.

Lägg bakplåtspappret på en plåt. Dela fläsket och lägg skinnet ovanpå (det ska vara minst 2 fingrar tjockt). Lägg ytterligare ett bakplåtspapper och ställ i kylen med en liten vikt ovanpå.

Förbered under tiden en svart buljong. Skär benen och grönsakerna i medelstora bitar. Grilla benen i 185°C i 35 minuter, lägg på grönsakerna på sidorna och koka i ytterligare 25 minuter. Ta ut ur ugnen och blöt med vinet. Lägg allt i en kastrull och täck med kallt vatten. Koka i 2 timmar på mycket låg värme. Låt rinna av och sätt tillbaka på värmen tills blandningen tjocknar något. Avfetta.

Skär kakan i portionsbitar och bryn i en het stekpanna med skinnsidan nedåt tills den är knaprig. Koka i 3 minuter i 180°C.

RUNDA

Det är mer tröttsamt än svårt, men resultatet är spektakulärt. Det enda knepet för att inte förstöra slutet är att servera såsen på ena sidan av köttet och inte ovanpå.

MÄRKAD KANIN

INGREDIENSER

1 hackad kanin

80 g mandel

1 liter kycklingbuljong

400 ml pressrester

200 ml grädde

1 kvist rosmarin

1 kvist timjan

2 lökar

2 vitlöksklyftor

1 morot

10 saffranstrådar

Salt och peppar

BEHANDLING

Hacka, krydda och bryn kaninen. Ta bort och reservera.

Fräs morot, lök och vitlök skuren i små bitar i samma olja. Tillsätt saffran och mandel och koka i 1 min.

Skruva upp värmen och bada i marken. flamberad Tillsätt kaninen igen och strö över fonden. Tillsätt timjankvistarna och rosmarin.

Koka i ca 30 minuter tills kaninen är mjuk och tillsätt grädden. Koka ytterligare 5 minuter och justera saltet.

RUNDA

Flambear bränner alkohol från en sprit. Se då till att fläktkåpan är avstängd.

PEPITORIA KÖTTBULLAR I HASSELNÖTSSÅS

INGREDIENSER

750 g köttfärs

750 g fläskfärs

250 g lök

60 g hasselnötter

25 g stekt bröd

½ liter kycklingbuljong

¼ liter vitt vin

10 saffranstrådar

2 matskedar färsk persilja

2 matskedar ströbröd

4 vitlöksklyftor

2 kokta ägg

1 färskt ägg

2 lagerblad

150 g olivolja

Salt och peppar

BEHANDLING

I en skål, kombinera köttet, hackad persilja, tärnad vitlök, ströbröd, ägg, salt och peppar. Mjöl och bryn i en kastrull på medelhög värme. Ta bort och reservera.

Bryn försiktigt löken och de andra 2 vitlöksklyftorna i tärningar i samma olja. Strö över vinet och låt det reducera. Blöt med buljongen och koka i 15 min. Tillsätt köttbullarna i såsen med lagerbladen och koka i ytterligare 15 minuter.

Vid sidan om, rosta saffran och krossa det i en mortel med det stekta brödet, hasselnötterna och äggulorna tills du får en slät pasta. Lägg i grytan och koka ytterligare 5 min.

RUNDA

Servera med den hackade äggvitan och lite persilja ovanpå.

KALVKOTTLETTER MED SVART ÖL

INGREDIENSER

4 kalvfiléer

125 g shiitakesvamp

1/3 liter mörk öl

1 dl köttbuljong

1 dl grädde

1 morot

1 vårlök

1 tomat

1 kvist timjan

1 kvist rosmarin

Vanligt mjöl

Olivolja

Salt och peppar

BEHANDLING

Krydda och mjöla filéerna. Bryn dem lätt i en panna med en klick olja. Gå ut och boka.

Bryn den hackade löken och moroten i samma olja. När den är kokt, tillsätt den rivna tomaten och koka tills såsen nästan är torr.

Blöt i ölen, låt alkoholen avdunsta i 5 minuter på medelvärme och tillsätt buljong, aromatiska örter och filéer. Koka i 15 minuter eller tills de är mjuka.

Bryn svampen separat i en filé på hög värme och lägg i dem i grytan. Krydda med salt.

RUNDA

Filéerna får inte vara överstekta, annars blir de väldigt sega.

MADRLETISKA TRIPES

INGREDIENSER

1 kg ren mage

2 grisfötter

25 g mjöl

1 dl vinäger

2 matskedar paprika

2 lagerblad

2 lökar (varav 1 nypa)

1 huvud vitlök

1 chili

2 dl olivolja

20 g salt

BEHANDLING

Blanchera magen och fläsktraven i en kastrull med kallt vatten. Koka 5 min när det börjar koka.

Töm och fyll på med rent vatten. Tillsätt hackad lök, röd paprika, vitlökshuvud och lagerblad. Tillsätt mer vatten om det behövs för att täcka ordentligt och koka över låg värme, täckt, i 4 timmar eller tills trav och mager är mjuka.

När magen är klar, ta bort hackad lök, lagerblad och chilipeppar. Ta också bort fötterna, bena ut dem och skär dem i bitar i storlek som en mage. Lägg tillbaka den i grytan.

Bryn den andra brunoiseskurna löken separat, tillsätt paprikan och 1 msk mjöl. När den har pocherats, lägg till grytan. Koka i 5 minuter, tillsätt salt och lägg vid behov till tjocklek.

RUNDA

Detta recept får smak om det tillagas en dag eller två i förväg. Du kan även lägga till kokta kikärter och få en förstklassig grönsaksrätt.

ROSTAD FISKLICK MED ÄPPLEN OCH MYNTA

INGREDIENSER

800 g färsk sidfläsk

500 g äpplen

60 g socker

1 glas vitt vin

1 glas konjak

10 myntablad

1 lagerblad

1 stor lök

1 morot

Olivolja

Salt och peppar

BEHANDLING

Krydda länden och bryn den på hög värme. Ta bort och reservera.

Fräs den rengjorda och finhackade löken och moroten i denna olja. Skala och kärna ur äpplena.

Lägg över allt på en plåt, doppa i alkoholen och tillsätt lagerbladet. Grädda i 185°C i 90 minuter.

Ta bort äpplena och grönsakerna och mosa dem med socker och mynta. Filéa ländryggen och såsen med kokvätskan och servera med äppelkompotten.

RUNDA

Tillsätt lite vatten i pannan under tillagningen för att förhindra att länden torkar ut.

KYCKLINGKÖTTBULLAR MED HALLONSÅS

INGREDIENSER

till köttbullarna

1 kg malet kycklingkött

1 dl mjölk

2 matskedar ströbröd

2 ägg

1 vitlöksklyfta

sherryvin

Vanligt mjöl

Hackad persilja

Olivolja

Salt och peppar

Till hallonsåsen

200 g hallonsylt

½ liter kycklingbuljong

1½ dl vitt vin

½ dl sojasås

1 tomat

2 morötter

1 vitlöksklyfta

1 lök

salt

BEHANDLING

till köttbullarna

Blanda köttet med ströbrödet, mjölken, äggen, den finhackade vitlöksklyftan, persiljan och en droppe vin. Krydda med salt och peppar och låt vila i 15 minuter.

Forma bollar med blandningen och rulla dem i mjölet. Bryn dem i olja, se till att de är lite råa inuti. Reservera oljan.

Till den sötsyrliga hallonsåsen

Skala och skär lök, vitlök och morötter i små tärningar. Bryn i samma olja som köttbullarna brynts i. Krydda med en nypa salt. Tillsätt tomaten skuren i små bitar utan skal eller frön och koka tills vattnet har avdunstat.

Strö över vinet och koka tills det har reducerats till hälften. Tillsätt sojasås och buljong och koka i ytterligare 20 minuter tills såsen tjocknar. Tillsätt sylten och köttbullarna och koka i ytterligare 10 minuter.

RUNDA

Hallonsylt kan ersättas med en annan från vilken röd frukt som helst och till och med sylt.

LAMM GRYTA

INGREDIENSER

1 lammlår

1 stort glas rött vin

½ kopp konserverade tomater (eller 2 rivna tomater)

1 matsked söt paprika

2 stora potatisar

1 grön paprika

1 röd paprika

1 lök

Nötbuljong (eller vatten)

Olivolja

Salt och peppar

BEHANDLING

Hacka, krydda och bryn benet i en väldigt het gryta. Gå ut och boka.

Bryn tärnad paprika och lök i samma olja. När grönsakerna är väl brynta, tillsätt en sked paprika och tomaten. Fortsätt koka på hög värme tills tomaten tappar vattnet. Tillsätt sedan lammet igen.

Strö över vinet och låt det reducera. Täck med köttbuljongen.

Tillsätt cacheladapotatisen (oskären) när lammet är mört och koka tills potatisen är genomstekt. Krydda med salt och peppar.

RUNDA

För en ännu godare sås, fräs 4 piquillopeppar och 1 vitlöksklyfta separat. Blanda med lite stuvningsbuljong och lägg i grytan.

hare civet

INGREDIENSER

1 hare

250 g svamp

250 g morötter

250 g lök

100 g bacon

¼ liter rött vin

3 matskedar tomatsås

2 vitlöksklyftor

2 timjankvistar

2 lagerblad

Nötbuljong (eller vatten)

Olivolja

Salt och peppar

BEHANDLING

Skär haren och låt den jäsa i 24 timmar i morötter, vitlök och lök skuren i små bitar, vinet, 1 timjankvist och 1 lagerblad. När tiden har gått, häll av och spara vinet på ena sidan och grönsakerna på den andra.

Krydda haren, bryn den på hög värme och ta bort den. Koka grönsakerna på medelhög värme i samma olja. Tillsätt tomatsåsen och fräs i 3 minuter. Sätt tillbaka haren. Blöt med vin och buljong tills köttet är täckt. Tillsätt den andra timjankvisten och det andra lagerbladet. Koka tills haren är mör.

Bryn under tiden baconet skuret i strimlor och champinjonerna skuret i fjärdedelar och tillsätt dem i grytan. På sidan, mosa harelevern i en mortel och tillsätt den också. Koka i ytterligare 10 minuter och smaka av med salt och peppar.

RUNDA

Den här rätten kan göras med vilket vilt som helst och blir godare om den tillagas dagen innan.

KANIN MED PIPERRADA

INGREDIENSER

1 kanin

2 stora tomater

2 lökar

1 grön paprika

1 vitlöksklyfta

socker

Olivolja

Salt och peppar

BEHANDLING

Hacka, krydda och bryn kaninen i en kastrull. Ta bort och reservera.

Skär lök, paprika och vitlök i små bitar och bryn dem på svag värme i 15 minuter i samma olja som kaninen kokades i.

Tillsätt de brunoiseskurna tomaterna och koka på medelvärme tills de tappar allt vatten. Justera salt och socker om det behövs.

Tillsätt kaninen, sänk värmen och koka i 15 eller 20 minuter i en täckt panna, rör om då och då.

RUNDA

Zucchini eller auberginer kan läggas till piperrada.

OSTSPÄLLDA KYCKLINGKÖTTBULLAR MED CURRRYSÅS

INGREDIENSER

500 g kycklingfärs

150 g tärnad ost

100 g ströbröd

200 ml grädde

1 glas kycklingbuljong

2 skedar curry

½ matsked ströbröd

30 russin

1 grön paprika

1 morot

1 lök

1 ägg

1 citron

Mjölk

Vanligt mjöl

Olivolja

salt

BEHANDLING

Krydda kycklingen och blanda i ströbröd, ägg, 1 msk curry och ströbrödet indränkt i mjölken. Forma bollar, fyll dem med en tärning ost och rulla dem i mjöl. Stek och reservera.

Fräs hackad lök, paprika och morot i samma olja. Tillsätt citronskalet och koka några minuter. Tillsätt den andra matskeden curry, russin och kycklingfond. Tillsätt grädden när det börjar koka och koka i 20 min. Krydda med salt.

RUNDA

Ett perfekt tillbehör till dessa köttbullar är champinjoner i fjärdedelar som sauteras med några hackade vitlöksklyftor och sköljs ner med en god touch av portvin eller Pedro Ximénez.

KUDDAR MED RÖTT VIN

INGREDIENSER

12 fläskkinder

½ liter rött vin

2 vitlöksklyftor

2 purjolök

1 röd paprika

1 morot

1 lök

Vanligt mjöl

Nötbuljong (eller vatten)

Olivolja

Salt och peppar

BEHANDLING

Krydda och bryn kinderna i en väldigt het panna. Gå ut och boka.

Skär grönsakerna i bronoise och bryn dem i samma olja som fläsket stektes i. När de är väl inkokta, blöt dem med vinet och låt dem avdunsta i 5 minuter. Tillsätt kinderna och köttbuljongen tills det täcks.

Koka tills kinderna är väldigt mjuka och om du vill rör om såsen så att det inte blir fler grönsaksbitar.

RUNDA

Fläskkinder tar mycket kortare tid att tillaga än nötkött kinder. En annan smak erhålls genom att tillsätta ett uns choklad till såsen.

COCHIFRITO NAVARRA

INGREDIENSER

2 lammfärslår

50 g ister

1 tsk paprika

1 matsked vinäger

2 vitlöksklyftor

1 lök

Olivolja

Salt och peppar

BEHANDLING

Skär lammbenen i bitar. Salta och bryn på hög värme i en kastrull. Gå ut och boka.

Bryn den finhackade löken och vitlöken i samma olja i 8 minuter på låg värme. Tillsätt paprikan och fräs ytterligare 5 sekunder. Tillsätt lammet och täck med vatten.

Koka tills såsen har reducerats och köttet är mört. Blöt med vinägern och låt koka upp.

RUNDA

Den första bryningen är viktig eftersom den förhindrar att safterna rinner ut. Dessutom ger den en krispig touch och förhöjer smakerna.

BÖTTGRYTA MED JORDNÖTSSÅS

INGREDIENSER

750 g köttlägg

250 g jordnötter

2 liter köttbuljong

1 glas grädde

½ glas konjak

2 matskedar tomatsås

1 kvist timjan

1 kvist rosmarin

4 potatisar

2 morötter

1 lök

1 vitlöksklyfta

Olivolja

Salt och peppar

BEHANDLING

Hacka, krydda och bryn shin på hög värme. Gå ut och boka.

Bryn lök, vitlök och tärnade morötter i samma olja på låg värme. Höj värmen och tillsätt tomatsåsen. Låt den reducera tills den tappar allt vatten. Strö över konjak och låt alkoholen avdunsta. Tillsätt köttet igen.

Mosa jordnötterna väl med buljongen och lägg i pannan tillsammans med de aromatiska örterna. Koka på låg värme tills köttet är nästan mört.

Tillsätt sedan potatisen, skalad och skuren i vanliga rutor, och grädden. Koka i 10 minuter och smaka av med salt och peppar. Låt vila i 15 minuter innan servering.

RUNDA

Denna kötträtt kan serveras med rispilaff (se avsnittet Ris och pasta).

BRÄNT FLÄSK

INGREDIENSER

1 spädgris

2 matskedar ister

salt

BEHANDLING

Fodra öronen och svansen med aluminiumfolie så att de inte bränns.

Ordna 2 träskedar på en bakplåt och lägg grisen med framsidan uppåt, så att den inte rör vid botten av behållaren. Tillsätt 2 matskedar vatten och koka i 180°C i 2 timmar.

Lös upp saltet i 4 dl vatten och måla insidan av smågrisen var 10:e minut. Vänd på det och fortsätt att måla med vatten och salt tills tiden är ute.

Smält smöret och måla skinnet. Höj ugnen till 200°C och grädda i ytterligare 30 minuter eller tills skinnet är gyllene och krispigt.

RUNDA

Få inte saften på huden; det kommer att få den att tappa krispigheten. Servera såsen på botten av tallriken.

ROSTAD KOLFOG

INGREDIENSER

4 leder

½ kål

3 vitlöksklyftor

Olivolja

Salt och peppar

BEHANDLING

Täck skaften med kokande vatten och koka i 2 timmar eller tills de är helt mjuka.

Ta bort dem från vattnet och koka dem med en klick olja i 220°C tills de är gyllenbruna. Säsong.

Skär kålen i tunna strimlor. Koka i rikligt med kokande vatten i 15 min. Dränera.

Bryn under tiden den hackade vitlöken i lite olja, tillsätt kålen och bryn den. Krydda med salt och peppar och servera med de rostade skaften.

RUNDA

Skaften kan också göras i en mycket het panna. Bryn dem väl på alla sidor.

JÄGARKANIN

INGREDIENSER

1 kanin

300 g svamp

2 glas kycklingbuljong

1 glas vitt vin

1 kvist färsk timjan

1 lagerblad

2 vitlöksklyftor

1 lök

1 tomat

Olivolja

Salt och peppar

BEHANDLING

Hacka, krydda och bryn kaninen på hög värme. Gå ut och boka.

Fräs den hackade löken och vitlöken i samma olja i 5 minuter. Skruva upp värmen och tillsätt den rivna tomaten. Koka tills det inte finns mer vatten.

Tillsätt kaninen igen och bada i vinet. Låt det reducera och såsen är nästan torr. Häll i buljongen och koka med de aromatiska örterna i 25 minuter eller tills köttet är mört.

Fräs under tiden den rengjorda och smuliga svampen i en het panna i 2 min. Smaka av med salt och lägg i grytan. Koka i ytterligare 2 minuter och justera salt om det behövs.

RUNDA

Du kan göra samma recept med kyckling eller kalkon.

MADRILEÑA KALVSKALA

INGREDIENSER

4 kalvfiléer

1 matsked färsk persilja

2 vitlöksklyftor

Mjöl, ägg och ströbröd (att belägga)

Olivolja

Salt och peppar

BEHANDLING

Finhacka persiljan och vitlöken. Blanda dem i en skål och tillsätt ströbrödet. Att ta bort.

Krydda filéerna med salt och peppar och lägg dem i blandningen av mjöl, uppvispat ägg och ströbröd med vitlök och persilja.

Tryck till med händerna så att paneringen fäster bra och bryn i rikligt med het olja i 15 sekunder.

RUNDA

Mosa filéerna med en klubba så att fibrerna går sönder och köttet blir mörare.

SVAMPKANINSÅS

INGREDIENSER

1 kanin

250 g säsongsbetonade svampar

50 g ister

200 g bacon

45 g mandel

600 ml kycklingbuljong

1 glas sherry

1 morot

1 tomat

1 lök

1 vitlöksklyfta

1 kvist timjan

Salt och peppar

BEHANDLING

Hacka och krydda kaninen. Bryn den på hög värme i smöret med baconet skuret i stavar. Gå ut och boka.

Bryn den hackade löken, moroten och vitlöken i samma fett. Tillsätt den hackade svampen och koka i 2 min. Tillsätt den rivna tomaten och koka tills den tappar vattnet.

Tillsätt kaninen och baconet igen och blöt i vinet. Låt det reducera och såsen är nästan torr. Blöt med buljongen och tillsätt timjan. Koka på låg värme i 25 minuter eller tills kaninen är mjuk. Komplettera med mandeln på ytan och smaka av med salt.

RUNDA

Du kan använda torkad shiitakesvamp. De har många smaker och aromer.

IBERISK FLÄSKRIB I VITT VIN OCH HONING

INGREDIENSER

1 iberisk fläskkotlett

1 glas vitt vin

2 skedar honung

1 matsked söt paprika

1 matsked hackad rosmarin

1 msk hackad timjan

1 vitlöksklyfta

Olivolja

Salt och peppar

BEHANDLING

Lägg kryddorna, riven vitlök, honung och salt i en skål. Tillsätt ½ kopp olja och blanda. Bred ut revbenen med denna blandning.

Rosta i 200°C i 30 minuter med köttsidan nedåt. Vänd, häll på vin och koka ytterligare 30 minuter eller tills revbenen är bruna och mjuka.

RUNDA

För att smakerna ska absorbera revbenen mer är det bäst att marinera köttet dagen innan.

www.ingramcontent.com/pod-product-compliance
Lightning Source LLC
Chambersburg PA
CBHW050351120526
44590CB00015B/1651